追憶似水流年

周安儀回憶錄

目錄

序：從亂世中堅毅走來——女性典範周安儀女士 8
周安儀簡介 12
追憶似水流年 周安儀回憶錄 14
第一章 **四個劫難** 15
第一個劫難 差一點與父母失散 16
第二個劫難 我得了小兒麻痺症 17
第三個劫難 烏來瀑布下死裡逃生 19
第四個劫難 摔了一跤後不能走路 22
第二章 **我的出生之謎以及改名、英文名字和筆名的由來** 27
第一節 出生之謎 28
第二節 由周小咪改為周安儀 31

第三節　為什麼從小有英文名字　32
第四節　做記者時為什麼用「純之」筆名　34

第三章　我印象中最深刻的事　37

第一節　外公的死亡　38
第二節　十歲生日禮物勞力士錶不翼而飛　38
第三節　小學遠足時未趕上火車，驚恐萬分　39
第四節　丟掉了一件心愛的紅大衣　40
第五節　晚上怕黑不敢起床上廁所　40
第六節　小學時收留了一隻流浪貓，死後葬在後院　42
第七節　我家附近寶宮戲院失火，我臨危不亂　43
第八節　被人用玻璃瓶砸中我左腿流血不止　44
第九節　我第一次試騎摩托車竟摔倒在馬路上　44
第十節　我么弟安寶也被門口的機車撞過住進醫院　45
第十一節　初中放暑假陪父母吃宵夜重了七公斤　47
第十二節　台北家中遭小偷入侵，損失不少財物　48
第十三節　《中報》採訪新聞時眼部受傷送醫急救　50
第十四節　紐約遊玩途中兩人電話卡被盜　51

第四章　從事新聞工作才與王默人結緣　55

第一節　為什麼我會進政大新聞系　56
第二節　做記者後，才會遇見我一生中的摯愛　63
第三節　我傾慕他的文才，私奔結連理　73
第四節　結婚後的逃亡經歷　78
第五節　回台北發展求職不易　87
第六節　首次投資股票失敗，幾乎血本無歸　92
第七節　王默人要先買房才能生孩子　92
第八節　生孩子苦難的歷程　93
第九節　兒子得了腦水腫到處求醫　97
第十節　婚後王默人工作並不順遂　102
第十一節　為什麼我們會到美國發展　105
第十二節　為拿綠卡忍辱負重　111
第十三節　新聞工作走投無路，只好另謀出路　124
第十四節　我為何會走上房地產經紀人之路　126
第十五節　買房王默人是始作俑者　131
第十六節　王默人的鼓勵，走上地產之路　136

第十七節　為何會走向創業之路　139
第十八節　幸運之神眷顧，走上發財之路　143
第十九節　會計師激發我們回饋社會的動力　145

第五章　王默人像武俠小說裡的俠士　常爲我打抱不平　147
第一節　通用器材公司在我離職時，為我舉行了盛大的歡送會　148
第二節　中廣公司《空中雜誌》社長吳疏潭疏忽為我慶生，他出手相幫　149
第三節　徐圓圓看我們夫妻同行採訪不順眼，拿我出氣，他立即還以眼色　150

第六章　我的人生旅途　153
第一節　近十七年新聞工作，我的成績單　154
第二節　三十五年房地產經紀甘苦談　161
第三節　退休後重拾筆桿，寫小說調劑身心　169

第七章　我一生中最遺憾的事　179
第一節　一封寄不出去訪問陳永明的錄音帶　180
第二節　我的小產　181

第三節　未能參加父親的喪禮　183

第八章　晚年從絢爛走向平淡　197

第一節　我的嗜好　198
第二節　周遊世界的願望未能實現　201
第三節　含飴弄孫，其樂無窮　206
第四節　做運動強身，以完成他的遺願　211

後記　220

附錄

清明時節追憶爸媽　224
一見鍾情　226
追憶先夫王默人　229
星空　232
思念　234

序：從亂世中堅毅走來——女性典範周安儀女士

王鈺婷

認識周安儀女士是從拜讀她的小說集開始，此次受安儀女士之邀爲新作《追憶似水流年》作序，備感榮幸。安儀女士以絹秀深情的散文體，回顧自己的家族史與生命史，娓娓道來她驚濤駭浪的生命回顧，以及與夫婿王默人先生攜手打拚的甘苦點滴。筆者自二〇二一年擔任台灣文學所所長一職，因「王默人周安儀文學講座」業務與安儀女士頻繁通信，用「文如其人」一詞來形容安儀女士是十分貼切的，爽朗、不拖泥帶水的豪邁性格，鏗鏘有力的筆力，是安儀女士信件的特色。安儀女士直言受王默人先生的影響，在創作中堅持現實主義的理想，舉凡書寫地產經紀人的角力、租客的荒誕行徑、灣區華人的愛恨糾葛，乃至回憶錄的自身經歷，全都活靈活現。她以十足的洞察力與眞性情，專注描摹生活周邊的小人物故事，因而躍然紙上的不止是「人物」故事，更多是現實世界中的「人性」樣態。

從此部回憶錄的章節安排，便展現安儀女士獨特的巧思。有別於一般回憶錄的線性發展，她別出心裁以生命重大事件爲軸線，選擇從「四個劫難」下筆，開展的是一個走過苦難的女性生命故事。回憶錄從「逃難」開始，周女士出生在二戰後一九四六年的台北，襁褓中隨父母回到上海，三歲時又舉家搬遷來台。出生在兵荒馬亂的大時代，註定和大多數離散華人一樣，經歷人生如風飄流的動盪歲月。

一九八四年周女士帶著九歲兒子王思予赴美探親，當時王默人先生擔任記者工作，同時也是小說家，他敢怒直言的剛正性格，不容於思想禁錮的政治環境，於是隨後也選擇赴美發展。這是周女士第二次的「逃難」，沒想到此行隨夫婿旅美至今將近四十年，未曾再踏上台灣土地。

面對生命際遇的苦難，安儀女士總是用一種看盡世態炎涼的豁達，勇敢面對現實世界拋擲給她的考驗，其中也包括身體的折騰。特別是書寫的苦難之一，是幼時罹患輕度小兒痲痺症，必須穿上特製的矯正鞋，幸好安儀女士從小不怕艱苦，堅持不懈矯正了十年，終於在她考上北二女初中時痊癒，才能和一般正常女孩一樣穿上白球鞋上學。另外一個劫難發生在二〇〇八年七月底，那時周女士已經是一家地產公司的負責人，從開放房屋（open house）回辦公室街旁停好車，穿著高跟鞋一不留意踩進一個小坑，沒想到造成四根背椎嚴重位移。當時醫生判定爲終身傷害，不能走遠路且必須靠止痛針緩解疼痛，然而安儀女士並不打算與傷痛妥協，加倍努力做物理治療復健，同時也靠著擅長的針線活放鬆心情，至今沒再惡化，再次展現她戰勝身體磨難的驚人毅力。

在安儀女士苦難的生命經歷裡，與王默人先生的相知相惜是她回憶錄中最繽紛璀璨的篇章，當中還蘊藏更濃烈的、更深邃的景仰與崇拜，亦夫亦師亦友，終其一生追隨其志。如安儀女士形容王默人先生是帶領她奮勇前進的「領帆人」，是她「一生的摯愛」，更斷言「沒有他（王默人先生），就沒有今天的周安儀」。安儀女士坦率而深情的告白，款款道來她與王默人先生的情緣，從年輕時在報社相識的對話內容，到倆人如何陷入狂烈熱戀，以及不顧家人反對逃家私奔，讀來既如小說般夢幻，又如臨場般逼眞。不得不佩服安儀女士在傳統保守的台灣七〇年代，能夠不畏家人威脅和社會眼光，勇敢且堅定地追尋自己所愛，更難能可貴的是，她勇於爲自己的選擇負責，一生跟隨王默人先生盡心盡力、無怨無悔。

早期移民華僑在美國生活相當不易，周女士剛抵達美國時手頭並不寬裕，和兒子擠身在分租「散房」（相當於雅房）安身立命。一九八五年初王默人先生抵美團聚，夫妻倆一同在舊金山《中報》工作，她擔任記者工作，因華埠新聞界環境複雜，便以筆名「周純之」開始不分晝夜跑新聞。當時報社記者工作收入並不理想，一位鍾姓學長建議她改行做地產經紀人。當時安儀女士對地產一竅不通，但憑藉向來不服輸和全力以赴的個性，靠著自修半年後便取得地產經紀業務員（Salesperson）執照。從一九八七年加入二十一世紀地產公司，成爲炙手可熱的超級業務員，到一九九五年獨當一面成立長菁實業公司，背後的推手是王默人先生，他獨到的投資眼光加上安儀女士的吃苦耐勞，夫妻倆胼手胝足開創出傲人的成就。

周安儀女士和王默人先生，秉持他們熱愛文學的初衷，於二〇一三年成立「世界華文文學獎基金會」，毅然賣出七幢房產所得，分別捐給台灣清華大學和中國北京大學，成立「文學講座」和「世界華文文學獎」。接著二〇二一年又賣出作爲退休收入的兩個單位海景公寓，全數金額一百五十萬美金捐贈清華大學，作爲興建「王默人周安儀文學館」資金。雖然安儀女士總是謙稱自己和王默人先生都是小人物，然而如此慷慨心胸與無私奉獻，他們的大愛早已超越平凡人之舉。二〇二〇年末王默人先生遽然辭世，安儀女士頓失一生的摯愛與依靠，爲完成先夫文學大業的遺願，至今仍勤奮筆耕，一舉完成此部回憶錄，以及王默人自傳的部份文稿，而下一部小說集也正在積極進行中。

收到出版社寄來新作全文，拜讀安儀女士精彩的生命回顧，對於出生在戰亂時代，成長於戒嚴台灣，奮鬥於他鄉的堅強女性安儀女士，致上最崇高的敬意。如果女性生命史有一種典範形象，從亂世中堅毅走來的安儀女士必定是當之無愧的，也相信這本回憶錄的出版，必將激勵所有在生命中奮鬥人們，予以重要啓示。

周安儀簡介

Chou An-Yi (Anne Chou)一九四六年八月九日出生於台灣台北，襁褓之中隨父親周謹庸，母親周費瑛（費明芬）回到上海，三歲時又隨父母和弟安儉因大陸失守而遷居台灣台北，在台灣度過童年，少年和中年，生活長達三十五年。在她三十八歲生日時赴美探親，結果自我流放，與夫婿王默人定居於美國舊金山，亦長達三十九年，從未返台。

在台灣，就讀私立復興幼稚園和小學，台北第二女中（初高中）後考進國立政治大學新聞系主修編採，大三即擔任中央日報駐木柵、景美記者。畢業後獲中央日報聘任為資料室資料員，因緣際會於一九七〇年九月擔任中華日報記者、台灣時報記者、台灣通用器材公司《通用之聲》月刊主編及中廣公司記者、中廣公司《中廣通訊》主編。

從事新聞工作十七年，在一九八四年九月起先後在舊金山《中報》和《國際日報》擔任記者，後因複雜的政治環境，一九八七年四月轉業。曾出版過兩本報導文學集；分別為《藝林春秋》（一九八〇年聯經出版）及《新聞從業人員群眾》（分上下冊；一九八一年黎明文化出版）。

初中起就對文學、美術深感興趣，雖是新聞系出身，仍不放棄對創作的熱愛，一九七一年起陸續在報章雜誌發表短篇小說及散文，在台北一九八四年由黎明文化公司出版第一本小說《女人心》。

一九八七年轉業從事房地產工作，在二十一世紀地產公司任職八年後，自創長菁實業公司，並從一九九五年二月出任長菁實業公司負責人迄今，現半退休。

二〇一五年三月前變賣所有家產。爲回饋社會，在二〇一三年和二〇一九年先後獲美國國稅局批准，成立「王默人周安儀世界華文文學獎基金會」，先於二〇一四年在台灣國立清華大學成立「王默人周安儀文學講座」，網址爲http://www.lecturewangchou.com.tw。二〇一五年於北京大學成立「王默人周安儀世界華文文學獎」，迄今已舉辦兩屆，各有兩名中國和兩名台灣作家獲獎，分別獲得獎金人民幣二十五萬元和二十萬元。爲獎勵文學後進，其實早在二〇〇四年已捐獻北大現金在中文系成立「王默人小說創作獎」。

二〇一五年半退休後仍筆耕不輟，陸續出版四部小說集。

1.《相見不如不見》（新竹國立清華大學出版社，二〇一七年；北京北京大學出版社，二〇二〇年）
2.《前浪和後浪》（新竹國立清華大學出版社，二〇二〇年）
3.《搏》（新竹國立清華大學出版社，二〇二一年）
4.《似水流年》（新竹國立清華大學出版社，二〇二三年）

二〇一九年，再度將用作退休後的兩幢房屋捐出，一幢在二〇一九年已捐建新竹國立清華大學興建「王默人周安儀文學館」，將於二〇二四年落成啓用，另一幢商業樓整修後將捐給北京大學。

追憶似水流年　周安儀回憶錄

在我七十六年的人生旅途中，經歷了許多的風浪，也度過了無數個驚滔駭浪的日子，而始終能讓我跨越難關的是一位帶領我的舵手，也是我生命中讓我能奮勇前進的領帆人——我一生中的摯愛「王默人」，沒有他，就沒有今天的周安儀。

我是一個非常平凡的小人物，也生長在一個中產家庭，過著相當舒適平靜的日子，卻不料一九四七年國共戰爭爆發，國民黨在一九四九年退守台灣，改變了我的命運，也使得我的人生受到了許多的劫難。

在回顧一生後，細想自己在出生後所遭受的四個劫難。

第一章 四個劫難

第一個劫難　差一點與父母失散

據父母親周謹庸和周費瑛（原名費明芬）告訴我說：「在台灣途中，生下你之後我們就回到了家鄉上海的法國租界的家。」

那是一個動盪紛亂的時局。一九四九年國民黨節節失利，中國淪陷變天，在敗退當中，父母親和大舅一家（費明洋）和小姨（費明蘭）商議的結果，大家都一起坐上了離開上海開往台灣的最後一班輪船——中興輪，而大姨費明芳因結婚後留在上海，後來就失去了聯繫。

當時外公（費國禧），本名費芝明和外婆（沈雯影）早就在台灣定居。他曾當過安徽地方法院院長，後來在上海開業當律師，而外公的親哥哥曾任北伐時期段祺瑞的幕僚長。他是一個聰明人，早已看出情勢不對，國民黨會退守台灣，所以很早在和父母的旅遊途中，一九四六年間在台灣台北已購置了三、四幢房產，一幢在西門町紅樓戲院附近的商住兩層大樓，一幢在金華街單棟樓宇，另外一幢則在廈門街（後來我們全家就住在這裡）。

在兵荒馬亂的時代，當時父母親很年輕，手上有許多的金元券，他們先把我們安置在中興輪上後，趁還沒開船之際，就在上海外灘碼頭買些實用物品，沒料到因爲太多人要逃離上海，一時擠不下這麼多的人，就提前開船，等父母親趕到時，船已經開了，離了岸。幸好當時大母親兩歲的大舅眼明手快的拿一條繩索先把母親拉了上來，接著再把父親也拖了上去，三歲的我和襁褓中的弟弟周安儉才沒有變成孤兒，否則父母親沒有來得及上船，那我和弟弟兩人眞不知命運會如何？

第二個劫難　我得了小兒麻痺症

一九四九年到台灣後，我們一家和外公外婆、大舅、舅媽和大我兩歲的表姊（費亮君）以及小姨（費明蘭）仍一起住在台北廈門街一幢獨棟紅磚大房，一九四七年當我在襁褓中也是住在廈門街。當時的台灣處於動亂之中，曾發生了二二八事件，我們全家都躲在家中不敢外出，門外槍聲四起，躲過了白色恐怖，一九四七年春天因父親遭遣散，我隨父母親回上海。不料一九四九年年僅三歲的我，不知是否是水土不服，還是別的原因，連續發了三天的高燒，昏迷不醒。母親很著急，帶我去看醫生，吃特效藥，三天後，退了燒，下了床卻不能走路。還是母親發現的，覺得情況不對，因我就是走路也是一拐一拐的，兩隻小腳一長一短的，過了一個月後仍然如此，母親帶我到處投醫，卻不知是患了什麼病？後來才知道我當時得的是一種在美國非常流行的小兒麻痺症。那還是一位剛從美國回來年輕醫師告訴我父母親的。

周安儀3、4歲時和外婆沈雯影的合照。

病急亂投醫，但至少終於有了方向。既然已經知道我的病症，有一位醫師告訴母親如何治療的方法，那就是一定要穿一雙特別訂做的皮鞋，因我得的是輕微的小兒痲痺症，而非要拿拐杖坐輪椅 重症的那一種。

在一九五〇年代的台灣，一雙特製的眞皮皮鞋是非常昂貴的，由於我兩隻腳不對稱，所以右腳的鞋底比左腳厚約一英吋，而左腳穿的則是正常的鞋跟。

父母親在我四歲時把我送進了蔣中正夫人宋美齡在館前街所開辦的復興小學幼稚園，不管在幼稚園或是在復興小學，我常受到同學們的譏笑，因爲我穿的是特製的像男同學的鞋子，一雙深咖啡色牛皮鞋上學，踩在地上非常重，又很吃力，所以同學常常欺負我，只有小我兩歲的弟弟安儉常常幫我出氣。他是第四屆，我是第二屆，他長得高瘦像父親，而我身材嬌小像母親。

復興小學的學費在當時是相當昂貴的，我和弟弟都是從復小幼稚園直升小學的，學費是新台幣三百元，折合美金十元，那是一所貴族學校，只有有錢人和達官貴人的子弟才能進去就讀的。

父母親當時僅能送我和大弟安儉讀復興小學，因爲那時的父親僅在外公底下做一名文員，我們都是和外公外婆一起住的，也是爲了省下租房的錢。我父母後來連續生下了我的兩個弟弟，包括了一九五〇年五月出生的小弟安樸，和一九五二年九月出生的么弟安寶。我一共有三個弟弟，他們均沒有上復興幼稚園和小學，因父母的經濟能力有限負擔不起。

我的小兒痲痺症，直到我堅持不懈的穿了十年之後，在一九六〇年我考上北二女初中時才完全痊癒。我才能和正常人一樣可以穿白球鞋走路。

第三個劫難　烏來瀑布下死裡逃生

一九六〇年秋天我考上北二女後，我像脫韁野馬，可以穿白衣黑裙、白球鞋，騎著父母親給我買的腳踏車，從東門市場信義路的我家騎到長安東路去上學，逍遙自在的，再也不像小時候綁馬尾、留長辮，而是齊耳短髮，變成了一位小男生。我除了喜歡去圖書館看中外文學著作外，對體育也產生了興趣，因小學時腿腳不好，沒能讓我發揮，我這時喜歡上了跳高、跳遠、跳低欄，甚至是溜冰。一人穿著一雙白色溜冰鞋，在操場一塊小水泥地上練習溜冰。由於這些運動都很激烈，所以常會受傷，腿部、腳腕常常抽筋，不是瘀青就是腫大。母親會爲我吊筋，用老中藥的方法，調製成糊狀（黃仁、雞蛋白、麵粉混打）再用塑膠袋綁在我受傷的腳踝上。第二天等風乾後，我腳就不痛了，可惜這種秘方，我都沒有仔細地用筆記紀錄保存下來。

但我最喜歡的還是文學。我常躲在圖書館裡看小說，尤其是外國的名著，如：《基督山恩仇記》、《茶花女》、《戰爭與和平》等，百看不厭；而中國的小說，我則喜歡看《儒林外史》、《西遊記》、《紅樓夢》、《水滸傳》，甚至是對《聊齋誌異》也極感興趣，尤其是後來我在《銀燈》雜誌上發表的〈蕭老頭〉，他是我的中學國文老師蕭熾，他也是我的啓蒙老師，但是王默人卻是激發我寫作動力的亦師亦友的夫婿。

我這個人一向有些偏激，只要是我喜歡的功課，我都會全力以赴，不喜歡的課業常常在及格邊緣而已，也許我生長的家庭都是男孩子，所以我也有些男人的爽朗性格。

當時在學校裡懵懵懂懂的，也不知道有些女同學會喜歡上我，可能那時還沒有「同性戀」一詞，並不知覺。事情發生在我十七歲的那一年，我一個人躲在操場旁邊的草地上看書，想要應付隔天要考的數學筆試，其中有兩位同學，一位是比我高瘦，走起路來有點飄飄欲仙的牛越華（她是後來同學中最早結婚的一位），還有是比較高大胖嘟嘟地徐揚（她喜歡彈鋼琴，想出國深造後終如願），兩人同時約我去近郊的烏來旅行。那時候是八月份的假期，一早我就買好了麵包、蛋糕放在野餐盒裡，就高高興興的和他們一塊坐公車到近郊的烏來。

二人走了一會山路，就看到銀色的瀑布近在眼前，我很高興，立馬上前，走過幾塊大岩石就到了瀑布底下，溪流急湍好不得意。結果她們兩人個兒雖高大，但膽小如鼠，不敢跨越過去，我就自充好漢，像水滸傳裡的那些英雄人物。自告奮勇地先拉著牛越華的手，攙扶著她過去，然後又回去牽著徐揚的手走了過去。當時是豔陽天，在白花花刺眼的陽光強烈地照射下，只剩下我一人尚未過去，我突然覺得一陣頭暈，眼睛望著溪內的小石頭，清澈見底，似乎正在向我招手，我忍不住地想撫摸它，擁抱那塊閃閃發亮的卵石。一不留神，頭重腳輕地跌到了萬丈深淵中，當我跌在瀑布下時，我的頭腦卻非常清醒。第一件事我想的是我要死了，卻忘記告訴父母去烏來遠足，我這時不再掙扎，閉起了眼睛，任由我的身軀在水中浮沉，因我不會游泳，結果是一股強烈的水流把我衝了上來，這時，看到岸邊上的人高喊著「快抓住那塊石頭！」眞的就有一塊長滿青苔的岩石出現在我眼前，只聽見岸上的男女老少七嘴八舌的叫喊聲，卻不見有人下來救我，我拼命地抓住那塊石頭，深怕那塊石頭也會被沖走。就在我慌亂中，一個皮膚黑黝黝的男孩游了過來，抓緊了我的手，把我拖到了對岸。這時這兩位女同學已經哭的兩眼紅腫，當她們看到我被救上了岸，反而不知所措地該如何答謝這位年僅十一歲的山地小孩，我卻當機立斷地將粉紅色盒子裝的麵包和蛋糕都送給了他。他雖然年幼，但他救了我一命，我感激不盡，只好用野餐盒作爲回報。

牛越華和徐揚被這個突如其來的意外嚇呆了，也沒有心情欣賞美景。三人坐在一處草地上，讓耀眼火熱的太陽把我的白色制服曬乾後才能回家，她們就要我匆匆地分吃了她們倆的野餐盒，我勉強咬了幾口又放回盒中，那眞是食不是滋味。

回家後，我也沒有把這件事告訴父母親，怕他們擔心。只是在第二天考數學時，我的頭腦一片空白，還在想著昨天發生的情景，眞是太可怕了，如果沒有人來救我，那我不是已經死了。就在胡思亂想中，數學考試竟然考了個零分，這也是我生平第一次交了白卷。

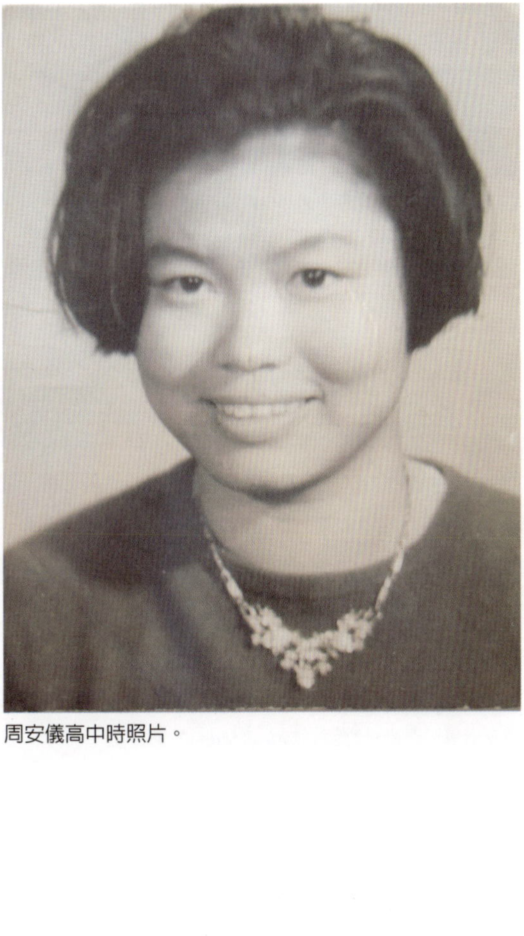

周安儀高中時照片。

第四個劫難　摔了一跤後不能走路

二〇〇八年的七月底，一天的下午，我剛從靠近舊金山凱撒總醫院附近的愛麗斯街（Ellis ST）兩單位公寓，星期二開放房屋回來，準備將我開的那輛深灰色的富豪車停在我在泰勒維爾街（Taraval）辦公室三十一街至三十二街之間的街石旁，剛發現在街角義大利餐廳旁有個車位，在橫街三十一街停好了車，一不小心沒有看見街道旁的地面有一個小坑，當時穿的是兩吋高跟鞋，不注意地踩了下去，覺得一陣痛楚，還生怕鄰居們瞧見我這副模樣，只好一拐一拐的走回辦公室，還一面東張西望地怕他們看見我這幅狼狽樣子。走回辦公室覺得痛楚減輕了些，也沒留意，因爲以前都是我母親爲我塗藥療傷的。

回家後也沒有告訴夫婿王默人。第二天西線無戰事，第三天幾乎我都忘記了，但第四天一早醒

周安儀攝於泰勒維爾街（Taraval Street）辦公室。

來覺得雖不太對勁，卻仍然一早回辦公室上班（星期五）。好不容易停好車，結果一坐下，就不能走路，剛好是月頭，墨裔住客來交租，我鎖著大門，連走到門口都很吃力，他拿給我支票，我想到辦公室後面的影印機複印，寸步難行，痛得連眼淚都要掉出來了，只得作罷。這時我聽見樓上的白人住客（Craig）貴格的腳步聲，忍痛地按了樓上的門鈴，請他幫忙，因我辦公室的經紀人是有生意才會來辦公室，我礙於情面絕不打電話向他們求助。而白人住客貴格一看我這般景況也亂了分寸，他對我說：「安妮，不如你把車鑰匙給我，我送你到凱撒醫院掛急診。」因他上班是坐街車的，但因爲我的車當時算是新車，也不放心由他開車，只好打電話給王默人，由我忍痛開車，他坐在旁邊護航（因他雖有駕照，但我不太放心），開到凱撒醫院需要二十五分鐘而且路也比較難走，高高低低的路需要時時換排檔，所以小心翼翼地停在凱撒醫院門口附近，急診室位在山坡上，我根本不能爬坡，他扶著我，剛好看見一輛凱撒醫院接送病人的小巴，我就問司機：「可不可以送我去急診室？」那名好心的非裔女司機就開車門讓我倆進去。

在急診室裡，他們給我照了X光片，做了CT Scan，又給打了止痛針，開了止痛藥，折騰了許久，我們才回家。

後來我又打電話給我們的家庭醫師羅賓斯（Dr. Darrel Robbins）醫師，他一聽我說的情況，認爲事態嚴重，催我去做MRI檢查，結果我被關在凱撒醫院特製的MRI檢驗室裡，整個身體平躺在一張床上，被儀器上下照了一遍。檢驗報告出來後才知我背後四根脊椎骨已移位，而脊椎沒有了潤滑劑就會壓迫神經，難怪會痛的不能走路。他是我主治醫師，他簽署一份文件，要我去車管處申請一份臨時殘障牌，他對我說：「你的脊椎已經壞了四根，以後不能走太遠的路。」我反問他有什麼方法可以醫治？他說：「以後每一年至少要打兩次止痛針，否則你會一直痛下去，還要吃止痛藥；如果太痛的話可用冰敷緩解。」那我又問：「熱敷可以嗎？」他說：「也行。」

醫治了三個月後，我仍然不能像正常人一樣的走路，必須一步一步慢慢的走。最初我也不想用車管處臨時發放的殘障牌（紅色）因我怕懸掛殘障牌後會失去生意，但在身體虛弱的情況下也只好認命。

結果在第四個月，一位亞裔的郵差送信到辦公室，把信丟在信箱就先走了，我一看信就知道他送錯了，大聲地喊叫他，他走得極快，走路是絕對追不上的，我不知不覺地跑了起來，隔了兩條長長的街道，終於追上了他，也把他誤投的信件交還給他。這時我才發現我可以跑路了，欣喜若狂，但最終還是不能解決我的問題。

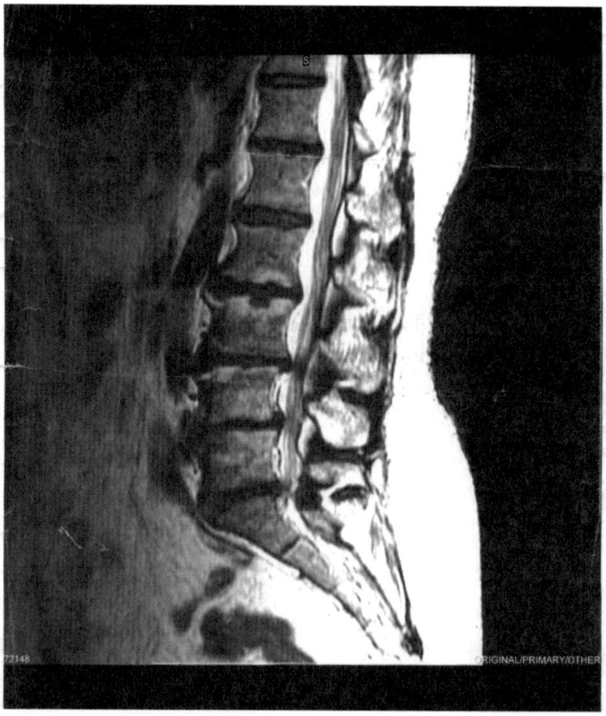

2008年周安儀脊椎受傷X光照。

有一次，王默人陪我去凱撒醫院打止痛針，一不小心，我竟然從床上跌到地下。打止痛針也實在是太痛了，我們的家庭醫師羅賓斯要我去做物理治療，那就是要用運動來解決疼痛。我就按照醫師的指示做了幾次物理治療，學習如何用運動來減輕痛楚。結果華裔土生土長的一位女物理療師對我說：「如果你想要在家裡做運動，我可以發通電郵給你，你自己可以在家裡做。」我一聽大喜過望，立即要她電郵給我，我下載後就照她的方法，每星期一、三、五做一個小時，二、四、六日做半小時，再踩機動自行車半小時（白人客人賣房時送了一輛舊的自行車給我），不料在辦公室裡由於客人小孩好奇地重重踩了幾下後，皮帶竟脫落了，我就在公司附近的自行車店裡花了一百元，請他們代爲裝配買了一輛新車帶回家騎。

二〇一五年三月，我把辦公室賣掉捐出退休後，又參加了凱撒醫院和舊金山醫學院（UCSF）聯合舉辦的復健課程，結果發現參加這項課程的學員們多半是白人，而我是少數的華裔。學員們有從飛機上摔下的，有交通事故受傷的等等，他們大半都比我情況嚴重，而我算是較輕微的一位。但我卻不知如何放鬆自己（Relax），白人女物理治療師在每星期一、三、五早上兩小時的課程裡，教會我許多放鬆自己的方法，也教了我如何培養興趣做理療，所以我就用我擅長的針線手工做了皮包、皮帶等小飾物來培養我的興趣，也找到了讓我放鬆的方法，並樂此不疲。

從二〇〇八年至二〇二三年迄今，我一直堅持不斷地做運動，才不會再發作。不像有些病人開了脊椎手術，結果延伸到頸部，又得開頸椎的刀。我慶幸自己能夠不發病，因長期打止痛針，吃止痛藥是治標而非治本，而唯有運動才能使你精強體壯，不再受痛楚和折磨。

第二章

我的出生之謎以及改名、英文名字和筆名的由來

第一節　出生之謎

周安儀出生在台灣，卻在三歲時從上海逃難到了台灣，這個謎團在我心裡一直不解，直到垂暮之年，我翻閱父親周謹庸送還給我的一個牛皮紙袋，上面寫著他親筆手寫的工整楷書的字跡，才找到了事情的眞相。

因小時候曾聽母親說過，她是在去台灣旅遊的途中意外的生下我，而我弟弟安儉卻出生在上海，那時我並沒有追究，都是些陳年舊事，也沒有證據證明，當時我並沒有在意，直到最近才發現寫著「周安儀戶籍資料」的袋子，它一直擺在我床頭櫃的抽屜裡，我從來也沒有認眞地翻動過，直到今年夏天爲寫回憶錄翻箱倒櫃，這些資料才浮出水面。

發現了一紙陳舊的公文，原來民國三十五年（一九四六年）八月到民國三十六年（一九四七年）五月，我父親任職台灣省行政長官公署交通處做科員，每月薪水一百六十元，他攜眷（費明芬）來台，八月九日（農曆七月十三日）在台北中山北路「迎婦產科醫院」生下一女，名叫小咪（後因本名不雅改爲安儀）。

除了淡黃色草紙寫的公文外，尚有台灣省行政長官公署服務證明書和台灣省的政府交通處民國三十六年七月十二日發文周謹庸暨眷屬貳人因資遣由台北至上海證明書，並由處長陳清文交周謹庸收執。

此外，尚有民國七十三年六月十八日父親手寫的申請書，寫著迎婦產科醫院爲日人創辦，早已停

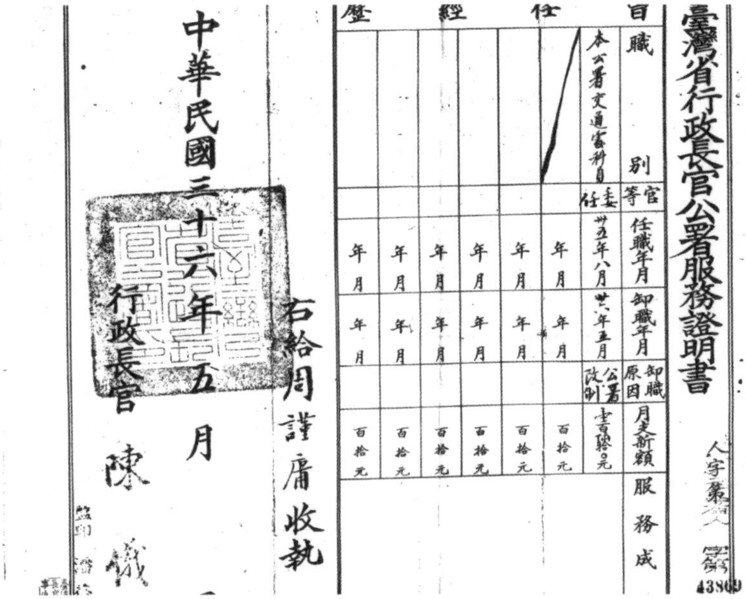
臺灣省行政長官公署服務證明書

人字第 號

43869

官職別	官等	任職年月	卸職年月	卸職原因	月支薪額	服務成績
本公署交通處科員	委任	卅五年八月	卅六年五月	公署改制		
		年 月	年 月		百拾元	
		年 月	年 月		百拾元	
		年 月	年 月		百拾元	
		年 月	年 月		百拾元	
		年 月	年 月		百拾元	
		年 月	年 月		百拾元	

任經歷

右給周謹庸收執

行政長官 陳儀

中華民國三十六年五月

:父親周謹庸台灣行政長官公署服務證明書。

臺灣省行政長官公署交通處

證明書

交 證字第184號

茲有本處科員周謹庸眷屬式人

因資遣 由台北 至上海

並携帶 件

合予證明此證

右給周謹庸收執

處長 陳清文

中華民國

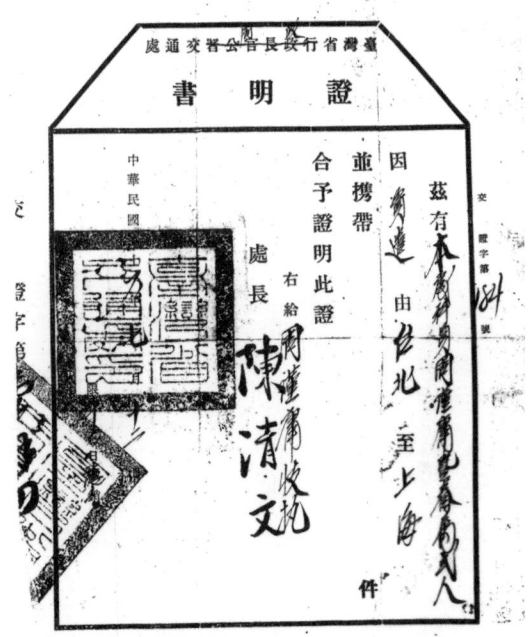

台灣省政府交通處證明書，父親因資遣從台北回上海。

業，前有申報戶籍住古亭區螢塘里四鄰（廈明街九十九巷一號），並領有台灣頒發身分證至民國三十六年五月公署改制卸職資遣攜眷貳人返滬。（台灣身分證在民國三十七年換領上海身分證），迨民國三十八年五月大陸變色前重又赴台經商，而前三十五年至三十六年間戶籍資料屢次查閱無著，想檔案歸在嶺頭山上為特請求惠予賜准查閱以利民便此上古亭戶政事務所主任劉恢堅。大安區光明里一鄰——金山南路二段二號十二樓之二周謹庸上、電話三九三-三一三三。

我印象最深刻的是我是在一九四六年八月八日半夜二時許出生的（是母親告訴我的）。她說：「我是由一位女醫師接生的，當我哭出第一聲響亮的哭聲時，她自己反而嚎啕大哭了起來。」因她得知她生了個女兒，她將來要和她一樣受苦。因為在我母親的娘家，是重男輕女的。我外婆先後生下了一男三女，我母親是長女，而我大舅一生遊手好閒，從未做過一份正經的工作，都是靠外公留下來的財產、廈門街、金華街的房屋和紅樓戲院的商住兩用大樓過日子，而他和舅媽的三個子女費亮君、費亮珠等，也沒有讀好書受好的教育。聽說，我的表弟和表妹現在在中國北京，而我的表姊則嫁到了香港。

我的小姨費明蘭因為與男友失散，男友留在上海，而她隨父母到了台灣，精神有些失常，後來經人介紹嫁給大她十來歲在軍中工作的姨父朱雲鐘，他們也生了一兒耀平。兒媳張玉蓮和一女月瑛，均已長大成人，一兒已病故，兒媳玉蓮健在，一女仍居住在台北。

但是當年在產房中陪伴的父親卻很高興，生下了我這個女兒，他比母親還要寵愛我，也稱讚我小時喜歡的塗鴉畫畫，是遺傳了他的天賦。

第二節　由周小咪改爲周安儀

出生後，父母親一直喊我的乳名「咪咪」，不知是否是受母親中學時同學田阿姨（後移民美國紐約）的影響，因她大我四歲的女兒楊麗順（灣區一位已故汽車界名人沈淳一的太太）。小時候我喊她「咪咪姐」母親喊她「大咪咪」，她們一家包括在台灣銀行任職的夫婿楊先生和她的兒子楊康樂都跟我們包括我的父母弟弟們走的很近，是我們小時候的玩伴。

我大弟原名是周小英，我小弟原名是周小庸，只有民國四十一年九月二日出生的么弟周安寶是我外公取的名字還是叫周安寶沒有變更過。所有的兩個兄弟和我的名字均在一九五五年（民國四十四年）十二月三十日全部變更，我改爲周安儀，大弟改爲周安儉，民國四十年五月一日出生的小弟則改爲周安樸。而大弟更由出生日期是民國三十六年一

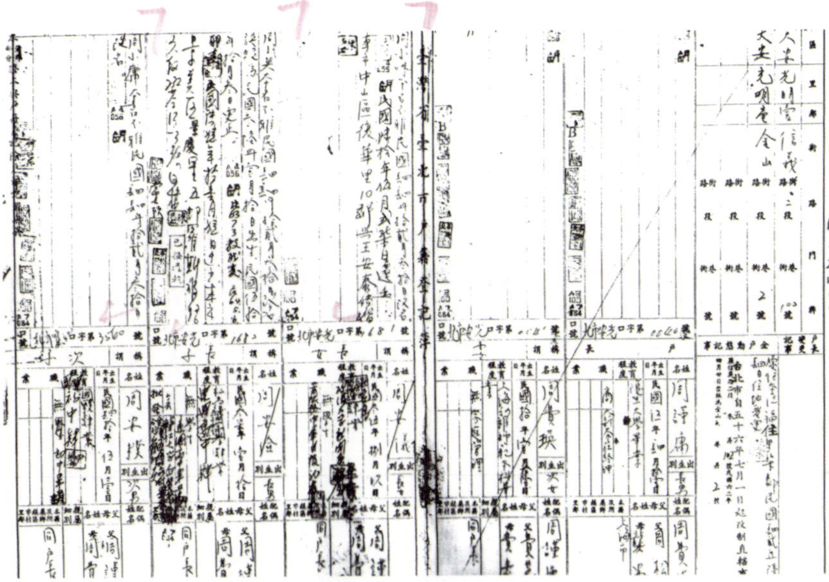

民國四十四年十二月，周小咪改名周安儀，周小英改名周安儉，周小庸改名周安樸。

月十日而更改爲民國三十七年一月十日（因和我出生相差僅半年）在民國五十年十月三日才更正過來。

大弟安儉建國中學畢業後，進入輔大企管系，曾任台灣通用器材公司生產線的管理員，後一九七〇年中期來美留學，獲得聖荷西州立大學電腦工程系碩士學位，在南灣洛克菲德飛機公司擔任高級工程師，現與弟妹朱瑾住在聖馬刁市。他育有兩子，長子子豪（於二〇一八年九月意外去世），次子子揚去年和趙蓮芳結婚，現均在矽谷大公司任高薪要職。

么弟周安寶成功中學畢業後，就讀東海大學數學系，後來美求學進修數學博士，畢業於柏克萊加大，獲電腦科學碩士學位，曾任職於矽谷的日本公司爲電腦工程師，現已退休，妻子喬蓓莉任職史丹福大學，擔任會計，育有兩女盈盈和家盈。

小弟周安樸來美後一直陪伴父母。自父母過世後，因精神失常和患有老年癡呆症，現長期住在舊金山的Laguna Honda醫院休養。

第三節　爲什麼從小有英文名字

我母親雖然有點重男輕女根深蒂固的傳統觀念，但整體來說，她仍然是疼愛我的，讓我能受好的教育，並想送我大學畢業後去出國深造。

說起爲什麼我從小就會有安妮（Anne）這個英文名字，據母親告訴我說，當時在一九五二年時的

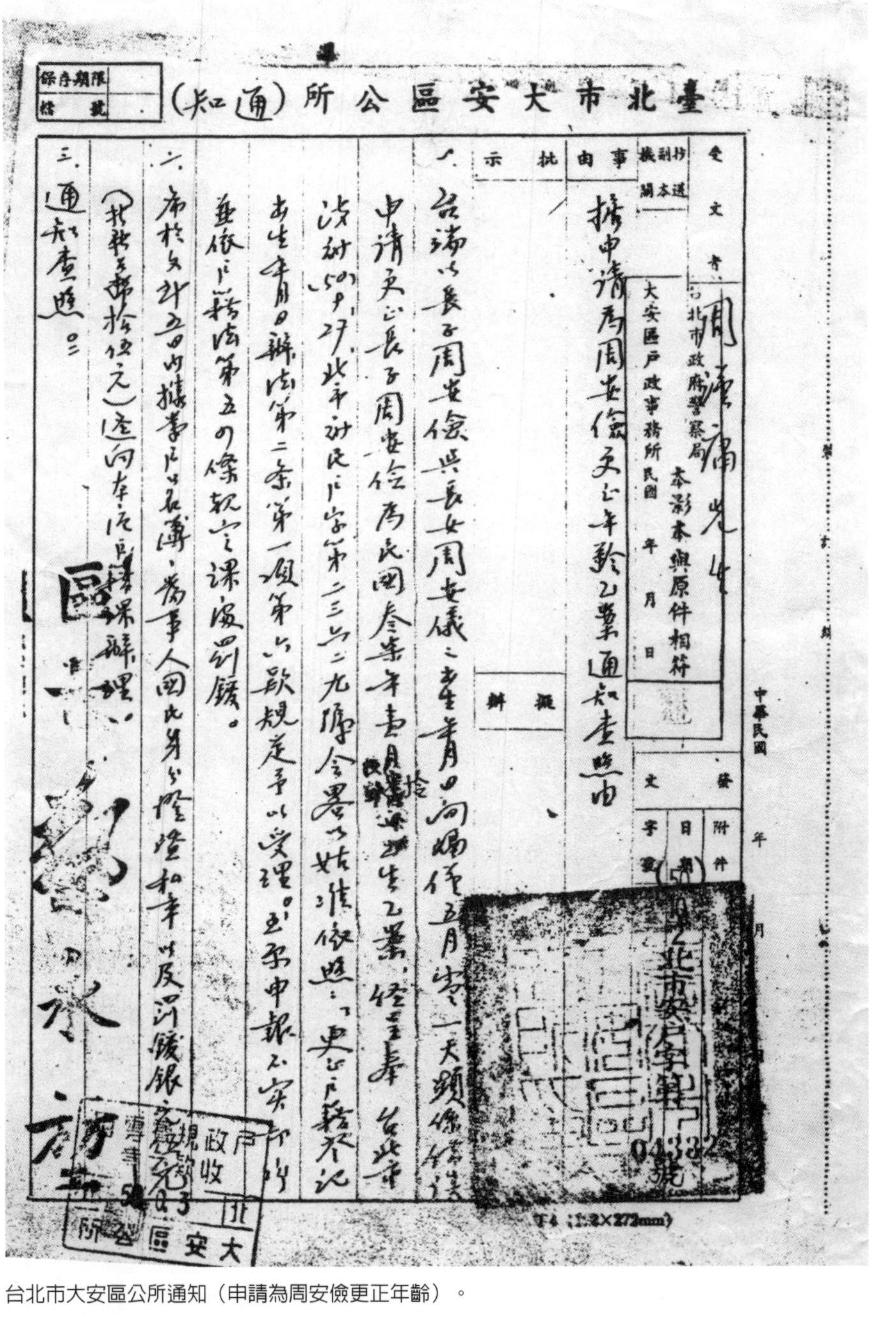

臺北市大安區公所（通知）

保存期限
檔號

受文者：周濟偏先生

事由：據申請為周安儉更正年齡乙案通知查照由

本影本與原件相符
台北市政府警察局大安區戶政事務所 民國 年 月 日

一、台端以長子周安儉與長女周安儀之出生年月日向係五月[illegible]一天頭係錯誤[illegible]申請更正長子周安儉為民國叁柒年壹月[illegible]日出生乙案，經呈奉台北市政府50.9.27.北市府民戶字第二三六二九號令略以姑准依照，更正戶籍登記出生年月日，辦法第二條第一項第六款規定予以受理。至呈申報不實部份並依戶籍法第五四條規定課處罰鍰。

二、希於文到五日內攜帶戶口名簿、當事人國民身分證暨私章以及罰鍰銀[illegible]（折新台幣捨伍元）逕向本所戶籍課辦理。

三、通知查照。

台北市大安區公所通知（申請為周安儉更正年齡）。

英國女王伊莉莎白二世登基後，已先後生下查理王子和安妮公主。她喜歡看新聞報導，一看見就覺得改名後的周安儀與安妮的英譯名非常相近，所以給我取名安妮周（Anne Chou）沿用至今。

現在我的公民紙和我所有的銀行帳戶，甚至我做地產經紀人都是使用這個一向用慣的英文名字。

第四節 做記者時爲什麼用「純之」筆名

這是自一九七一年我們倆成婚後，夫婿王默人給我取的。因爲他認爲我「純潔無邪」。自婚後，王默人才眞正瞭解到我太天眞，純潔無邪地把每一個人都當成好人，所以他常取笑我，久而久之就爲我取了一個筆名「純純」，後演變爲「純之」。

來美國在中報工作後，我就是以「周純之」的筆名做記者，名片也用「周純之」三個字。因那時華埠魚龍混雜，當時的華埠充斥著左派和右派的政界人士。而一九八四年九月我任職的中報是採中間偏左的路線，爲了不讓華埠的政界人士知道我的眞實身分，所以就用了筆名「周純之」取代我的眞名，而且也得到中報負責人傅笑齡（Tina Fu）的默許與認可。

在一九八四年代，不管在左派報紙《時代報》或右派的《世界日報》、《星島日報》，或以中間派路線著稱的《中報》（中間偏左）或《國際日報》（中間偏右）的記者們都不認識我，只知道來了一名新記者「周純之」，但沒有過多久，大概只有兩三個月吧！就被我政大的大學同學許幼衡給拆穿了。因

周安儀擔任房地產經紀名片。

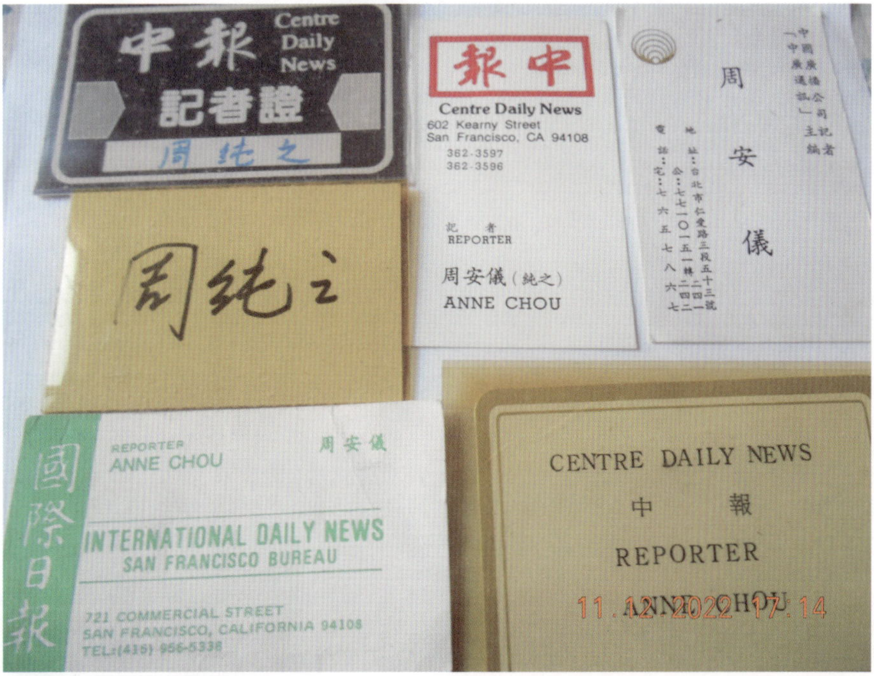

周安儀在美任職於媒體業時的工作證。

爲那時她在中報休斯頓的分社做編輯，有一天晚上，我接到她的電話，她在電話中對我說：「你不是周安儀嗎？怎麼改名叫周純之呢？」我當時反問她：「你怎麼知道？」她直截了當地跟我說：「舊金山中報來了一個女記者叫周純之，我想那就是你了。」她的來電一語提醒了夢中人，我知道自己再也瞞不下去了，而那通電話讓所有中報採訪組和編輯部的同仁都聽到了，我就仍裝馬虎，繼續用周純之的筆名寫新聞和撰稿，雖然大家都知道我本名周安儀，但一直到一九八六年三月進國際日報時才改回用周安儀眞名寫新聞和特稿。

施江漢先生贈周安儀女士女士之字畫。

第三章 我印象中最深刻的事

第一節　外公的死亡

我的外公費國禧（費芝明）在我八歲那一年（一九五四年）民國四十三年因肺癌去世，享年六十三歲，我同父母親和弟弟們、大舅、大舅媽一家、小阿姨、外婆還有外婆的媽媽（我們叫太婆）同去台北殯儀館參加喪禮。我們都披麻戴孝，每人的胸前還別著一朵白花，當外公的遺體躺在大型的焚化爐裡，炎炎大火把外公燒的遍體通紅時，我放聲大哭，並且大哭大鬧，一邊上前責問殯儀館的人為什麼要把我外公燒死，一邊嚎啕大哭起來。母親只好上前把我拉開。為什麼我會這般激動，其中是有原因的。

從小我就和外公外婆一起住，他們都很疼愛我。三歲時我曾因貪吃西瓜，瀉肚子了好幾天，外公曾對母親說：「從三歲可以看八十。你看咪咪（我的小名）將來一定是個貪得無厭的人。」果然被他說中了，從我中老年後買進大量的投資地產足以證明他當年的眼光是正確的。

從此我就知道外公走了，遺體要火化，也明瞭死亡是多麼的可怕，我害怕也不敢去殯儀館了。

第二節　十歲生日禮物勞力士錶不翼而飛

我十歲那年，在我就讀私立復興小學三年級時，曾發生了一件事情，我永遠也不會忘記。八月九日是我十歲的生日，父親就送了一隻舊的勞力士錶做為我的生日禮物，我很高興，把錶帶到學校向同學們炫耀。在我上廁所時，我把手錶放在我的書桌上，等我回來，只一會兒功夫，手錶就不見了，報告級任老師之後也沒有找回來，這件事就此不了了之。回家後被父親責罵了一頓說：「怎麼這樣不小心，把錶丟了。你應該戴在手上，爲什麼要放在桌子上。」他罵得我啞口無言、無言以對。

我的幼小心靈，從這件事發生後，才讓我了解金錢的重要性。

第三節　小學遠足時未趕上火車，驚恐萬分

在小學，每年都會有一次遠足，那次不知是我睡晚了，還是其他原因，我沒有趕上大家在台北車站前集合準時出發的火車，是否是開往基隆，我已記不清了，當我看到火車已經開走了，我急得大哭了起來，引起了一些人的注意，有一位好心人對我說：「你可以坐計程車趕那班已經駛離的火車。」這一語提醒了我這位夢中人，我就手提著母親給我準備豐盛的野餐盒，用我積累下來的零用錢，即刻叫了一輛計程車，要他加速馬力去追前面的火車，到了下一站火車停靠的地方，我終於趕上了，這才破涕而笑，從此養成了我守時的好習慣，但是過了十多年後，我仍重施故犯，是夫婿王默人又再次糾正我的遲到壞習慣。

記得有一次和還是男朋友的王默人約會時，遲到了三十分鐘，看我沒有準時赴約，他就揚長而去，沒有等我，讓我空跑了一趟。從這以後嚇得我凡是跟他有約，我在心裡默默地告訴自己：「千萬不能遲

到！」還故意把我常戴的手錶撥快了十多分鐘，來提醒自己一定要養成守時的習慣。

第四節　丟掉了一件心愛的紅大衣

我小時和父母親去看電彩，回來坐三輪車回金華街外公家時，在車上掉了一件母親特別買給我的那件紅色大衣，那是我最心愛的一件大衣，平時都捨不得穿。自從丟掉以後，個性倔強的我，從此沒有再買過紅色的衣服穿，反正是紅顏色的衣服我都拒絕穿，甚至古怪到我把衣櫃裡所有的紅顏色的衣服和裙子都送給了朋友的孩子。我一直不知道自己爲什麼會這般固執，也許是害怕紅色的衣服我都會失去，永遠找不回來的心理吧！直到年老時我才會和美國白人一樣開始穿起紅色的衣裳，眞是老來俏！

第五節　晚上怕黑不敢起床上廁所

八歲那年，自從外公過世後，我們一家就搬出了金華街。母親變賣了她所有的首飾，有金飾和珠花（是她當年的陪嫁物）在東門市場附近——信義路二段一〇二號租了一間店面開了「大新茶葉店」後來賺了錢買下了這間店鋪和隔壁的店鋪，並且開了「大慶鮮花禮品店」。我們一家就住在兩間店鋪上的加蓋閣樓，和後面原有的一間臥室裡。由於父親寫的一筆非常工整而有力道的柳公權正楷字，他就包了書寫輓聯和輓帳等工作，母親就學插花，會做花圈和花籃，另外也請了兩位夥計幫襯，除了寫輓帳等，也幫著用機車送貨，送花圈、輓聯、紙紮物品等。店裡也賣些香燭、紙錢、銀錠、紙紮等祭祀物品，由於父親為人老實又勤力，所以我們家的生意愈做愈旺，有時我放學回來，也會幫忙照顧店裡，會陪我們家的女傭人去買菜或做些簡單的家務。在我記憶中常年有女傭人照顧我們四姊弟。

由於家裡經濟條件差，那時沒有廁所，只有後院有一個茅廁，是用蹲的，尚未有抽水馬桶。每次半夜起床，必須要通過一條黑漆漆的通道才能到後院。我感覺陰森森的，很怕半夜起床，尤其是我大弟安儉常對我說：「有鬼來了。」我怕黑，半夜經常不敢起床，院子裡又沒有燈，而那個茅廁只有一盞黃色小燈，還是要用手拉的。我常怕自己會跌進那個茅坑裡。而院子旁還有一間儲藏室，後來才知道擺放著一些名人字畫，那些都是外公的朋友送的，或是外公買來的收藏品。後來那些名人字畫因長久潮濕，沒有好好保管，字畫都發霉，只好丟掉了。母親曾告訴我，連一幅名畫家送給外公的字畫，時值五千元台幣，也這樣當廢紙報廢丟掉了，真可惜。還有一個外公留下來獅子造型的硯台，聽說放了水就不會乾，也不翼而飛了。由於後輩常對前人留下來的古董或古物不妥善保管，就會有這樣的下場，這也給了我一些啟示。

第六節　小學時收留了一隻流浪貓，死後葬在後院

在我小學時，有一隻花白貓咪闖進了我家後院，我看牠可憐的模樣，就悄悄地收養了這隻流浪貓，每天給牠買些小魚吃，還讓她睡在我的小床上，陪我睡覺。

沒想到這隻毛色花白的小貓咪卻給我惹下了不少的麻煩。等她稍微大些，她喜歡到處亂跑，有時跑到鄰居家的後院玩耍，等她青春期時，幾乎每年都會生下一窩小貓，有各種顏色的，有白、黑、花白毛色的，我只好每次用鞋盒裝了這一窩的貓仔送給鄰居家或親戚朋友家的小孩，從未想到要丟在我家門口讓牠們自生自滅，因此把這些小貓送出去也著實讓我苦惱萬分，誰叫她不會節育（這點我不清楚，有什麼方法可以讓動物節育）。等她老了，十一歲時死了，就把她葬在我家後院。

我從小就心地善良，除了養了這隻流浪貓外，還曾養過小白兔。我記得有一天，天氣非常炎熱晴朗，我就抽空在後院用小臉盆給那隻小白兔洗澡，然後把牠放回籠子中，第二天一早牠卻死了。我猜測是凍死的，可能我沒用毛巾擦乾牠的毛，從此害得我不敢養小白兔。

那時我家境並不怎麼好。母親在後院籠子裡養了一群小雞，其中有各種顏色的雞，給我印象最深刻的是有一隻毛色鮮豔的蘆花雞。尤其是太婆（外婆的媽媽）那時已經快八十歲了，她的牙齒不好，母親就煎幾個荷包蛋給她吃，也煮了一鍋較肥的五花肉給她下飯。每天看到雞一天天的長大，常常下蛋，母親就會給我們加菜，不是用蔥花炒蛋，煎荷包蛋，就是水煮雞蛋（放點砂糖）甜滋滋的，我們幾個孩子很是高興能夠打個牙祭。

突然有一天，太婆來了，或是外婆來了，也或者是父母親打麻將的牌友來了，母親竟然要女傭人把雞宰殺了，煮了一鍋的栗子紅燒雞，香味四溢，我們幾個孩子吃得不亦樂乎。結果不知是大弟、小弟還是么弟，發現那隻有漂亮雞冠公的蘆花雞不見了，問母親，母親如實回答說：「你們現在在吃的，就是那隻蘆花雞。」當時飯桌上大家目瞪口呆，沒有說話，停了一會兒，僅過了一茶匙的功夫，大家還是動起手中的筷子，爭先恐後的，把雞肉都搶光了，嘴裡還說著「好吃」、「眞的好吃」。

第七節　我家附近寶宮戲院失火，我臨危不亂

我念初中時，有一天寶宮戲院失火，父母都驚慌失措，雖然隔了一條長長的街道——金山街，一時不會馬上燒到信義路二段的橫街來，看我還睡在床上，就喊我起來，而我非但沒有起床，還裝作若無其事一般，對他們說：「幹嘛！這麼大驚小怪！」他們都覺得我很怪，我自己當時也認爲自己怎麼會如此鎭靜，也有點怪異。其實我早已從窗外望去，雖看見濃煙四起，火勢熊熊，但因爲距離很遠，所以並不害怕，才會臨危不亂。

第八節　被人用玻璃瓶砸中我左腿流血不止

也是發生在我念初中的那一年，我記得是從金華街的方向要走到信義路二段的家裡時，腳上穿的是木屐。我經過信義路三段時，突然從一棟高樓內，有人往下丟了一個玻璃瓶，竟然砸中了我的左腳。我沒能閃過，左腳大拇指流出了暗紅色的血漿。我被突然發生的橫禍嚇呆了，沒有往上看，是誰如此沒有公德心，反而急忙飛奔回家，幸好只剩兩個街口就到家了，母親看見我這般模樣也很害怕，先幫我簡單包紮後，就急忙送我去醫院。在醫院，我縫了幾針，至今左腳仍留有傷疤，眞是禍不單行，只好自認倒楣。

第九節　我第一次試騎摩托車竟摔倒在馬路上

大約是我初二那一年，父親在我大弟生日時買了一輛全新的摩托車給他做生日禮物，可能是慶祝他十歲生日。我看見一輛新的摩托車停在家門口，好奇心重的我很想騎上去試試，因初一時在北二女上學，家距離太遠，都是騎腳踏車到長安東路的學校。這時的我覺得又新奇又好玩，不等父親教我，我就猛地騎了上去。剛騎到店門口的馬路上，也不會踩剎車，就猛踩油門後立即因爲失控就摔了下來，連人帶車倒在馬路上，四腳朝天，幸好那天我穿的是條長褲，長褲破了幾個洞，並沒有什麼大礙。父母當時並沒有罵我，可是以後我就不敢騎摩托車了。

後來，我常坐在父親的摩托車的後座。印象最深刻的一次，是父親要我陪著他去新生南路近公館的台灣大學外賣部買巧克力雪糕，我很是高興，手裡捧了一大盒的雪糕，我並沒有把手放在父親的腰上而是斜靠著坐著，兩手也沒有抓住後座，不料在回家的途中轉彎時，因父親爲躲避一輛朝我們方向駛來的白色轎車，我竟然從座位上跌了下來，而且兩手還緊緊地抓住那大盒的雪糕，跌得屁股很痛，兩腳跌坐在地上，竟然還跌在自家門口。爲了這件事被父親取笑了半天，說我爲了吃雪糕，兩手騰空，不顧自己安危，也沒有把雪糕打翻，自己反倒是跌個四腳朝天，讓人覺得好笑，眞是只顧吃不要命啊！

第十節　我么弟安寶也被門口的機車撞過住進醫院

眞是飛來橫禍，也是在我初中時發生的事。

小我六歲的弟弟安寶，正在讀東門國小，因我家門口是現在所謂的三叉路口，對面有一間是小美冰淇淋店，在它旁邊是臨沂街，旁邊更是一條大的巷弄（金山街）巷盡頭就是寶宮戲院。不知怎的，安寶在我家門口玩耍時，竟被一位騎著摩托車的年輕人撞個正著，整個人都被撞飛了出去，幸好么弟命大，因那肇事的年輕人很有良心，馬上把他載到附近的醫院去救治，等我們全家趕過去時，年僅七歲的周安寶已躺在病床上，而且病床的茶几上還擺了一盒包裝精美的水果果籃，我和大弟、小弟、父母趕到時，都羨慕不已。我對么弟打趣說：「要是我每天都有蘋果吃，我也願意被人撞。」因那時蘋果都是從國外進口的，尤其是有五個稜角的大顆蘋果，那是最高檔紅豔豔的蘋果，也是進口的舶來品，我們都吃不起，所以送蘋果算是一份大禮，而這時么弟卻無奈地看著我們，兩眼露出苦笑。

在一九六〇年代的台灣，由於我們家有四個孩子，每次開飯上桌時，我的三個弟弟正在成長發育期，他們會把碗裡的飯壓得緊緊的，裝得滿滿地，而且一連快速地吃下三碗，每當母親把炸得香噴噴的大排骨端上桌時，搶得更兇，輪到我吃大排骨時，已經盆底朝天，沒有了。所以初中時我瘦得像一根竹竿，在吃飯方面絕對不是三個弟弟的對手。

我們那時最喜歡做的事，就是結伴去（和父母一同）到附近的鄰居或親戚家去吃「拜拜」，當時的拜拜有時要吃上一天一夜，甚至兩天兩夜，或長達三天三夜，場面浩大，連如今都望塵莫及。像流水席般，有雞鴨魚肉，豐盛的菜餚令我們幾個孩子都食指大動，恨不得把所有的好菜都吃進肚子裡去，尤其是大碗的紅燒肉更是我們的最愛。而且只要是去吃拜拜，我們一家都很高興，也不管請客的人家是誰，都蜂擁出動。後來才知道一場「拜拜」下來，也許要花上請拜拜的人家，一年所存下來的錢才能抵銷開支。

第十一節　初中放暑假陪父母吃宵夜重了七公斤

初中放暑假時我參加了夏令營——駕駛訓練班，學會了開吉普車（手排檔）。後來父親還爲了大弟買了一輛二手的奧迪車（有四個輪胎商標），由他和父親輪流開。

寒暑假時，由於兩家店面生意繁忙，我也幫忙管帳和收錢，雖然家裡有一位瘦高個子的戴先生，負責插花和送貨（他後來娶了我家裡的女傭阿蘭，聽說父母退休來美時，他還接管了大慶鮮花禮品店）；和另一位年紀較大，個兒矮小的李先生寫輓聯、紙紮人、疊金銀寶等，我們還雇了一位年輕的小弟幫忙送貨，而買菜燒飯則由女傭（先後有阿珠、阿蘭）等操辦。不過母親也偶爾會和我一塊去對面的東門市場買菜，因我喜歡吃東門市場前擺的攤位有大腸米粉做早點，還有滾滾燙燙出爐的水煎包和蚵蛤包的煎包等等，所以常搶著去買

1964年暑假，周安儀參加駕駛訓練班，並代表二女中發表演講。

菜。中午和晚上開飯我們多半和夥計們一塊吃。

由於父親老實忠厚，母親勤儉持家，所以家境逐漸好了起來。暑假放假時全家在一起，等關了店鋪後，父母每晚均帶我們去寶宮戲院前的小吃攤（小型夜市）吃宵夜。我常吃的是台灣特有黃色的油麵炒的豬心、豬腰和豬肝炒麵；而父親則喜歡吃蝦仁羹、肉羹或豬心炒麵，但弟弟們則偏愛鐵板豬排麵或飯，上面還有一粒半熟的荷包蛋。

由於我當時直升北二女高中，所以對於那年暑假記憶猶新，有吃、有玩，還有學習，讓我度過一個快樂的暑假。未料去夜市吃宵夜一個暑假過後，我就從三十五公斤的體重變成了四十二公斤，整整重了七公斤。

第十二節　台北家中遭小偷入侵，損失不少財物

同王默人成婚後，那是我們在台北的最後一個家——福德街二段二三一巷十號四樓兩睡一浴的公寓。曾搬家十餘次，損失了不少珍貴的物品，如集郵冊和小說「女人心」的剪貼簿等等。

大約在一九七九年間，當時我在中國廣播公司做海外部記者，我出公差去金門馬祖探訪，王默人則在中國時報跑外勤，好像也出差去了。大約一星期後我在下午時分回到家中，看到公寓木門虛掩，門口沙發上放了一把刀，我知道情況不妙，除了退回門外按自家門鈴外，還拼命地拍打對門鄰居楊太太的

大門。高頭大馬的楊太太，她應聲出來，跟我進了門，她看到那把菜刀嚇壞了，怕得兩腿發軟趕緊跑回自己的家。我看見屋裡一片狼藉，衣服丟得滿地都是，衣櫃門和梳妝台抽屜都被打開了，書房裡書架上的書籍也被翻動過，我很鎮定地立刻打電話報警，一看這情形，我知道是遭小偷了。

讓我最痛心的是王默人在一九七四年三月他隨國會記者團去日本採訪時，送我的一串放在黑絲絨盒子裡的養珠項鍊及耳環一套不見了，而且翻箱倒櫃的偷走了紐約田阿姨寄給我一些精緻新款的假首飾，和我自己買來的半寶石首飾。我個人認爲是附近的不良青少年所爲，但最幸運的是我母親和外祖母給我的兩只鑽石戒指（我倒扣在廚房的小酒杯裡）還在，並且掛在牆壁上我訪問藝壇大老們送我的字畫仍在牆上。這時我才鬆了一

周安儀擔任《中廣》記者，於金門採訪官兵。

口氣，眞是不幸中的大幸。隨後，又瞧見客廳地下還躺著一粒養珠耳環，足見這批賊人是走得如此匆忙，丟三落四的。

回來後，經過王默人的詳細檢查後，發現他藏在書中的現鈔紋風不動，可見他的細心之處，而我一時大意，讓小偷得逞，雖報警了，但並沒有找回任何失物。我也把這件事情當做教訓，以後凡是我認為貴重的物品，我都會放在銀行的保險箱裡。

第十三節 《中報》採訪新聞時眼部受傷送醫急救

一九八六年三月底，舊金山國際電影節在市中心維內斯（Van Ness）街的一間戲院

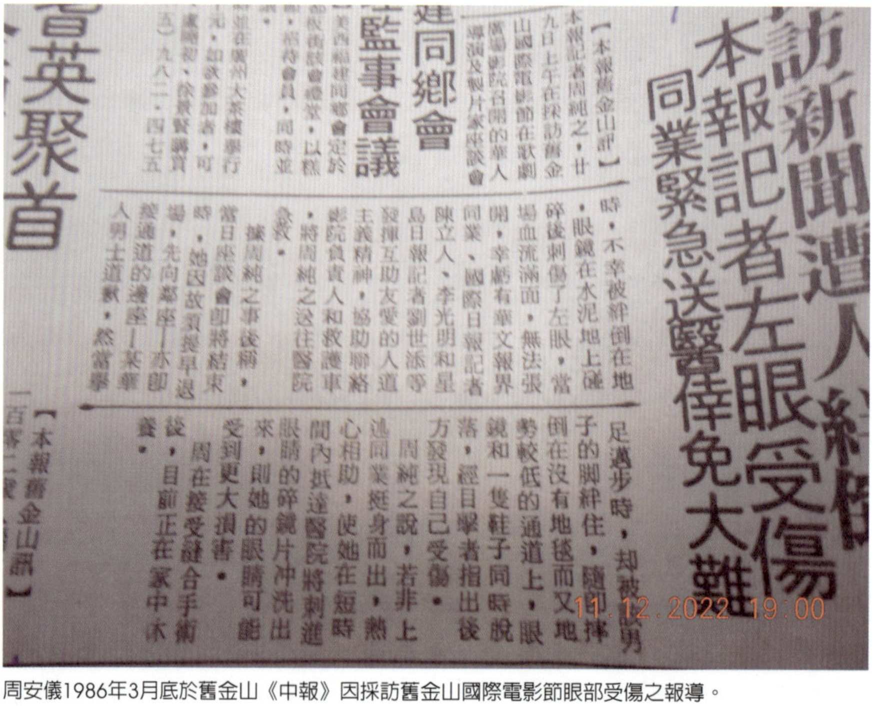

訪新聞遭人絆倒
本報記者左眼受傷
同業緊急送醫倖免大難

【本報舊金山訊】本報記者周純之，廿九日上午在採訪舊金山國際電影節在歐劇廣場影院召開的華人導演及製片家座談會時，不幸被絆倒在地，眼鏡在水泥地上碰碎後刺傷了左眼，當場血流滿面，無法張開，幸虧有華文報界同業、國際日報記者陳立人、李光明和星島日報記者劉世添等發揮互助友愛的人道主義精神，協助聯絡影院負責人和救護車，將周純之送往醫院急救。

據周純之事後稱，當日座談會即將結束時，她因故須提早退場，先向鄰座—亦即靠通道的邊座—某華人男士道歉，然當舉足邁步時，却被該男子的脚絆住，隨即摔倒在沒有地毯而又地勢較低的通道上，眼鏡和一隻鞋子同時脫落，經目擊者指出後方發現自己受傷。

周純之說，若非上述同業挺身而出，熱心相助，使她在短時間內抵達醫院將刺進眼睛的碎鏡片沖洗出來，則她的眼睛可能受到更大損害。

周在接受縫合手術後，目前正在家中休養。

周安儀1986年3月底於舊金山《中報》因採訪舊金山國際電影節眼部受傷之報導。

開鑼，《中報》派我去採訪，我背著相機去戲院，走道旁邊坐的觀眾不小心伸出的腿把我絆住了。由於戲院太黑，加上走廊都是高低不平的台階，我猛然摔倒了，把戴的玻璃鏡片跌破了，碎片割傷了我的左眼，當場流血不止。救護車趕到，把我送進醫院，陪我去的還有《國際日報》記者陳立人，我要他不要告訴王大哥（王默人）但他還是一五一十的告訴了他。王默人在家裡狠狠的罵了我一頓，說我爲什麼老是做錯事，而且既做錯了事，還要別人不告訴家人，讓他擔心。他很是生我的氣，好幾天都不搭理我。經過這次我就更加小心翼翼，走路常看著腳底下，生怕摔跤引他生氣。而這則意外還刊登在當時《中報》的新聞版。

第十四節　紐約遊玩途中兩人電話卡被盜

大約是一九九二年的聖誕節，我和王默人高高興興的去紐約度假。這是我們第二度到這個大都會度假。以前一九九一年七月是隨旅行團去美東七天旅遊的。先前我也曾帶兒子開車到過洛杉磯，經過許多景點，包括環球影城、迪斯尼樂園、聖地牙哥動物園，甚至還開到墨西哥境內。到了墨西哥，由於語言不通而折回，在南下行駛的一〇一高速公路還因爲速度太快兒子未繫安全帶吃了一張罰單。

這趟去是王默人打算要在紐約定居，因爲在他心目中舊金山只是一個風景勝地（就如台灣的台南），沒有發展的潛力，而紐約是國際金融中心（等於是台灣的台北），他嚮往紐約。

這次我們只買了兩張來回機票，是臨時起意的自由行，並沒有預定旅館和租車，是想看看情況，再作最後的決定。

等下了飛機後，在機場才開始找旅館和租車。也許是由於假期，事事不順，而且事先未預定，我們在市中心曼哈頓租了一間陳舊有暖氣的小旅館，安置後，然後在中央火車站，我們用電話卡（AT&T）打通了一位中年女房地產經紀人的電話，她要我們去長島，會接我們去看房。同時也打了另一位男經紀人的電話，他約我倆去新澤西州紐瓦克市（Newark）看房。

在人潮洶湧的中央火車站，我在打公用電話亭電話時，不知有人用望眼鏡偷盜了我電話卡上的號碼，等白天看完房後，晚上回旅館要用電話卡打電話回舊金山我二十一世紀地產公司的同事時，才知道電話卡不能使用，我很氣憤地照卡上的號碼打到電話公司詢問：「爲什麼不能使用？」接線員反問我說：「你是否打過法國、英國、甚至非洲的電話？」我回答說：「沒有。」那位女接線員說：「因爲你的通話紀錄頻繁，而且不停地打國外長途，感覺可疑，才會中止電話卡。」因以前在洛杉磯等地遊玩時從未發生不能使用的情況。

後來據電話公司查明原因，才知是有人售賣我的電話號碼，每次五元，不管打到任何國家都可圖利，光是那一晚就花費了五百美元，因此電話公司才會突然中止我的電話卡。這使我大開眼界，原來盜賊是如此高明和厲害，不需要卡，只要號碼就可以賺錢，一晚獲利豐盛。害得我一星期後回舊金山，就向電話公司有關部門申訴，才沒有繳交那五百元的額外卡費。

我們在紐約和新澤西州也沒有看到合適的房子，因長島和紐約的幾個區域如皇后區、布魯克林區及

周安儀與王默人夫婦在紐約遊玩時的照片。

在紐約被人用望遠鏡偷盜的AT&T卡。

新澤西州的地稅是舊金山的三倍，再加上紐約的氣候四季分明，不適合老年人居住，買不起和種種原因，無功而返，從此也打消了我倆定居紐約的念頭。

後來雖然換了新卡，因有這次的教訓，從此我再也不敢使用，怕再惹事生非，寧可用旅館的電話打長途。而這張新的電話卡仍然放在家裡我已陳舊的暗紅色的皮夾裡作爲紀念。

第四章 從事新聞工作才與王默人結緣

第一節　爲什麼我會進政大新聞系

童年的我是無憂無慮的，像一匹脫韁野馬到處奔馳。

童年，是我一生中最快樂的時光。由於復興小學就位在新公園的對面，每次和大弟安儉都由父母親要三輪車接送上學（定期承包），中午並給我五元錢當做午飯和零用，我就到新公園背後的小吃攤位去吃餛飩麵、小籠包或鍋貼，有時我也會買些零食如紅豆刨冰、清冰、綠豆牛奶冰。那時我留起一條麻花長辮或梳著馬尾，還喜歡夾各種顏色的髮夾，穿著綠白相間條紋的制服，眞是不食人間煙火。由於家裡只有我一個女孩，所以調皮的我常趁放暑假或寒假和弟弟們去田裡摘包心菜，用自製的竹竿襲擀樹上吊掛著的芒果、芭樂、甚至有幾個零錢就去街市攤位用紙做的拍子釣魚，玩家家酒、跳繩、踢毽子、跳方塊和玩陀螺，好不愜意，還自己做了一個布娃娃玩耍。

更過分的是還好奇地翻牆偷看附近監獄裡的犯人做苦工。用自製的網子抓知了（蟬）和螢火蟲，放風箏在空中飛翔，尤其最喜歡去圓山動物園遊樂場坐雲霄飛車和吃棉花糖、棒棒糖，玩得不亦樂乎。

母親還常常抽空帶我們幾個孩子上教堂，拿免費糖果、牛奶和米糧（當時是由美軍顧問團資助的）我們都很高興上教堂，因有得吃和拿。爲此母親還信了教，成了一名天主教徒。

等到要考中學時，我才眞正緊張起來，但是我僅考取了第二女中，路途遠每天就騎著腳踏車上學，並用母親每天給我的十元零用錢，在校外長安東路附近的小館吃一碗加點蔥花的陽春麵或一碗餛飩麵當作午飯。

並從那時期，我迷戀上了畫畫，我會騎著腳踏車去找畫畫的素材。我最喜歡畫小動物，如家裡養的兔子、花貓和鴿子（家裡後院有個大的鴿籠），而對於學校附近五顏六色的單棟房屋也甚感興趣，這也種下我考師範大學美術系和後來來美國改行做地產經紀人的導因。但更重要的原因是父親常誇獎我，認為我有天分，甚至說我遺傳了他的基因，他並挑了幾張我畫的鉛筆畫和水彩畫動物素描掛在我臥室和家裡的牆壁上鼓勵我。

上中學時，我剪了一頭的短髮，到處飛揚。而母親的牌友更是認為我女大十八變，有一位年紀較大的程伯伯常帶我去西門町和紅樓戲院看平劇和申曲（上海的地方戲），我會一面嗑著瓜子喝著滾燙的紅茶陪著他，而一位年紀較輕的周叔叔會帶我去中山堂看電影，如果沒有人約我去看戲，我也會一個人去新世界戲院看電影，去西門町逛街，一個人去商場買東西，有時還會去逛委託行，買些小奢侈品如髮夾之類的小玩意，變成了一個眞正獨行俠。

值得一提的是我最喜歡去圖書館看書，看那些言情小說和翻譯的各國各家作品，母親喜歡看張恨水的小說，可能我也遺傳了她的部分因子，常借書回家，睡在床上，蓋著棉被，挑燈夜戰。而大弟周安儉卻喜歡看古龍和金庸等武俠小說，也和我一樣深更半夜不睡覺。我的小說也借個不完，還個不停。任性的我國文永遠是高分，數學差強人意，對化學和音樂我卻一點也沒有興趣。

在小學、中學我的成績始終是中上，不好也不壞，但也達到了直升的標準。所以在我一生中我只念過三所學校，那就是私立復興幼稚園及小學、台北市第二女中和國立政治大學。

一九六六年的夏天，我參加了大學聯考，放榜時發現自己考進政治大學新聞系，在招貼的榜上是新聞系第十七名，好像包括僑生在內共錄取了三十幾名。那天是父親陪我去看榜，才發現自己已考取了政大。

那是我的第三志願。我一共只塡了三個志願。第一個志願是台灣大學中文系，第二志願是師範大學藝術系。其實我最嚮往的是師大藝術系。

大學聯考前的夏初，我臨時抱佛腳去拜師大藝術系教授張道林爲師。那年暑假，不管颳風下雨，我都騎著我的腳踏車直奔師大教授的宿舍，一路飛馳，也不顧路面崎嶇不平，帶著我的一個小鐵皮盒子的畫箱，放了一些畫畫工具和繪畫原料去補習，因爲我學業一直是中上而已，對於考台大我並沒有充足把握，但對於師大藝術系我也沒有絕對的信心。爲了緩和我的緊張情緒，我就要求母親給我學費去拜師，起初母親不同意，也不贊成，因學藝術很難有發展，尤其畢業後找工作也困難，在我的百般請求和堅持下，母親百般無奈終於同意讓我去試試看。

在炎炎夏日，我頂著紅通通的太陽，騎著腳踏車風雨無阻地去張教授家學習。在他畫室裡我和其他的男女學生一塊學習從鉛筆的素描、彩色的水彩畫到水墨的國畫都用心地揣摩。

張教授明亮的畫室裡擺放著女神維納斯、男神阿波羅和大衛的石膏雕像，我用鉛筆素描，並用白饅頭塗抹畫錯的部分，然後用毛筆畫水墨畫，才知道黑白線條有幾十種之多，一定要用心學習。而水彩畫也很難學，尤其是油畫更是難上加難，對於光影部分也很難掌控，臨摹名家字畫，讓我受益良多。我畫的一幅水墨葡萄曾經得到張教授的稱讚。但繪畫仍要靠天分，須要三分天才，七分努力才能畫的唯妙唯肖，我自知功力不夠，在師大的術科考試中並沒有通過，只好進了第三志願新聞系。我這人膽大妄為只填了三個志願，如果第三志願未能如願，我就會名落孫山。

其實我對新聞，本來沒有多大的興趣，既已考取，只好全力以赴。

我記得政大新聞系教授尉天驄，曾對我寫的一篇文章「我」非常欣賞，它是描寫我離家出走的故事。因小時候我非常任性，只要母親對待我們四個姐弟不公平的話，我就會到同學任肖玲家（她是我二女中的同學）去住，非要母親打電話到處找我，找到我後，我才會回家。這篇文章，尉天驄教授給我打了滿分。

我從小也喜歡拍照，玩相機。

考取了政大新聞系，由於是公立大學，學費較低廉，母親為了鼓勵我，送了一條鑽石吊墜的白金項鏈，外婆也選了一顆鑲了四粒小鑽戒的K金戒指給我作為獎勵，而父親則送了一台舊的日本相機給我。

我迷戀上了攝影。我常在木柵醉夢溪旁的新聞館內和一位系裡長得黝黑華僑張助教學攝影，在暗房裡一待就是一個下午，甚至忘了回家吃飯，可見沉迷得有多深。

我記得我學會了做星星太陽月亮的紙板，把我放大的照片用藝術型的照相框給框起來，看起來很有詩意和風味，又吵著要父親給我買一台日本名牌潘特克斯（Pentax）的相機，那是可以換單眼和廣角的鏡頭，再加上腳架，價值不菲。但父親始終沒有買給我，所以我仍是用我小型相機去拍照，直到我和王默人結婚後，他知道我喜歡攝影，才在一九七四年三月底與國會訪問團應邀訪問日本時才買了一架肯諾（Canon）的相機送給我。我一直用它，可惜在我二〇〇三年去夏威夷遊玩，在大島上參加「愛之船」

活動時，我們正在吃飯，我隨手把它放在小桌上。由於風浪太大，那艘小船沒有欄杆，一晃動就掉進了太平洋中。相機裡還拍了許多風景照片，現事隔多年，可能已經成爲海中的珊瑚礁了。爲了此事還給夫婿痛罵了一頓，王默人對我說：「你怎麼這樣不小心，把照相機隨意擺放，也不放在皮包裡，現只剩下相機套和鎂光燈放在房間的抽屜裡。」

爲此，我在當地又買了一架小型相機，是那種即拍即丟的那一型，又回去幾個景點重拍了一遍。

還記得大學畢業在溪頭旅遊時，爲了拍照的關係，耽誤了回程，等天黑時想下山卻迷了路。由於溪頭的樹木都高聳入雲，看起來一個模樣，像個迷魂陣，幸好碰到一群當地人，才引領我們走出那參天的樹林，而跟在我後面的同學，也喫了不少的苦頭，還好

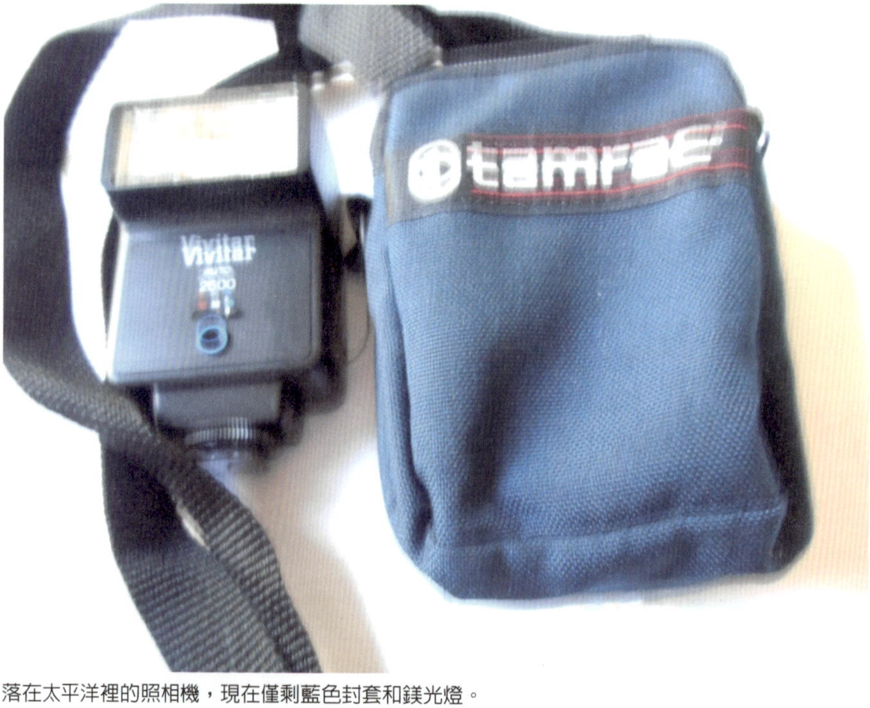

落在太平洋裡的照相機，現在僅剩藍色封套和鎂光燈。

是虛驚一場。

在大學時，我知道自己沒有什麼背景，所以格外的努力，再加上父母親店鋪的生意繁忙，需要我下課時幫忙收帳，所以常獨來獨往，沒有時間和同學們交際。譬如同學們舉辦的聯誼活動或者舞會，我都很少參加，早點回家爲父母親分憂。我從未交過男友，是所謂的乖乖牌。

在大二時，新聞系分成了編採組、廣電組、廣告公關組和報業行政組四個小組。我參加了最喜歡的編採組，這是最冷門的一組，但我卻偏愛編採組。

我大三時，我擔任《中央日報》駐木柵、新店和景美的特約記者，每月還可領薪水台幣一千元。那時我年輕氣盛，連警察局也敢跑。而且有兇案發生時，都會通知我，我也會硬著頭皮去看法醫驗屍，才知道是兇殺或情殺，瞭解情況後才能發新聞給中央日報。

大三暑假時，更得到錢震志老師的認可，每天晚上八時加入了編輯部，在編輯台上做起實習編輯來。那裡的老編都是五十歲以上的中年人，當時的總編輯是薛心槦。

午夜十二時，大家都吃宵夜，如牛肉麵或點心（報社特別爲編輯們準備的），我也有份跟那些老編一起吃，其中有一位常州同鄉高永祖，俗稱高老，他是我外公的同鄉，常常照顧我。還有一位韓務本，他用筆名常在報上發表雜文（娶了一位日本太太），他常取笑我：「你這麼年輕怎麼不跟男朋友去跳舞或拍拖呢？反而天天跟我們這些一把年紀的老頭鬼混呢？」我卻很正經笑笑地對他說：「我要多學些本事，才能找到工作。」他聽了我的話，笑了一笑，沒有再說什麼。但資深的編輯高老卻對我說：「進《中央日報》很難，就是進來也是個臨時人員，等到做正式工時，必須從下面的九等慢慢地往上爬

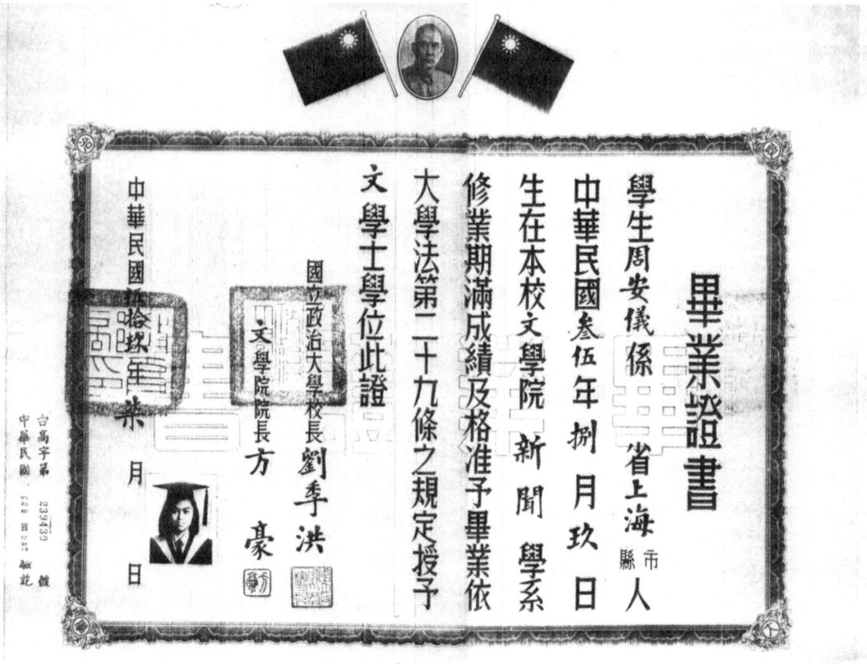
畢業證書
學生周安儀係　省上海 縣市 人
中華民國叁伍年捌月玖日
生在本校文學院新聞學系
修業期滿成績及格准予畢業依
大學法第二十九條之規定授予
文學士學位此證
國立政治大學校長劉季洪
文學院院長方豪
中華民國伍拾玖年柒月　日
台高字第239430號

周安儀政治大學新聞系畢業證書。

周安儀與母親周費瑛、大弟周安儉於周家奧迪汽車前合影，攝於1970年6月政大畢業禮。

升。我們都已經在《中央日報》工作了三十多年，也不知什麼時候能爬到個頭，升任總編輯的職位。」聽了他的一席話後，我心都涼了。但我還是一如既往的學習，學會如何做標題，看小樣和大樣等，有時他們也會讓我一顯身手，試試做些小標題，等第二天見報時，我看見自己做的小標題很是得意。

因爲我是女孩子，本來報社大巴士的司機都是在吃宵夜後，晚上一時許先送我回信義路的家，然後再一路送其他的編輯們回家，因大部分的老編們都是住在中央日報的天母宿舍裡。後來大家混熟了，反倒司機先送那些老編回天母宿舍，最後午夜兩點半才送我回家，我也沒有說話，也不計較。

一九七〇年七月，大學畢業時，我就把在中央日報賺來的兩萬元薪水交給了母親，算是報答她的養育之恩。此後在《中央日報》工作和《中華日報》記者的薪水直到一九七一年四月中離職時我都如數地交給父母，也算是回饋二十四年來對我的扶養和照顧。

第二節　做記者後，才會遇見我一生中的摯愛

在政大時，我已有自知之明，我沒有背景，但我相信只要靠自己勤奮和努力，一定會找到工作的。果然皇天不負苦心人，在我要畢業時收到《中央日報》的一張通知：「因採訪組沒有缺，暫時聘你爲資料室資料員。」當時資料室主任是王嗣佑，我就和較爲矮小的同學謝淑美在一九七〇年七月份進入中央日報資料室，開展了朝九晚五的沉悶工作。

一九七〇年代，《中央日報》是國民黨最大的黨報之一，而且銷量數一數二，連我們家都訂了中央日報，就可見它的威力。那時《中央日報》已有七朵金花，打扮入時的胡有瑞是採訪組副主任，還有余思宙、陸清容、雷勵、王宗蓉等七位女記者（有的是夫妻檔），沒有空缺，我只好像孵豆芽似慢慢冒出頭來，暫時窩在資料室，等適當時機才能調進採訪組，以圓我的記者夢。

意想不到的事發生了。沒料到八月底，我政大同學羅蘭已做了《中華日報》社長楚崧秋的秘書，有一天，她打電話給我：「《中華日報》現缺一名文教記者，妳要不要來？」我聽了很高興就連忙辭去中央日報的工作。我九月一號就到了中華日報，見了楚社長後（他也是我政大的老師），他立即要我報到。從此展開了我的新聞工作。

當時中華日報採訪組多半是我在政大新聞系

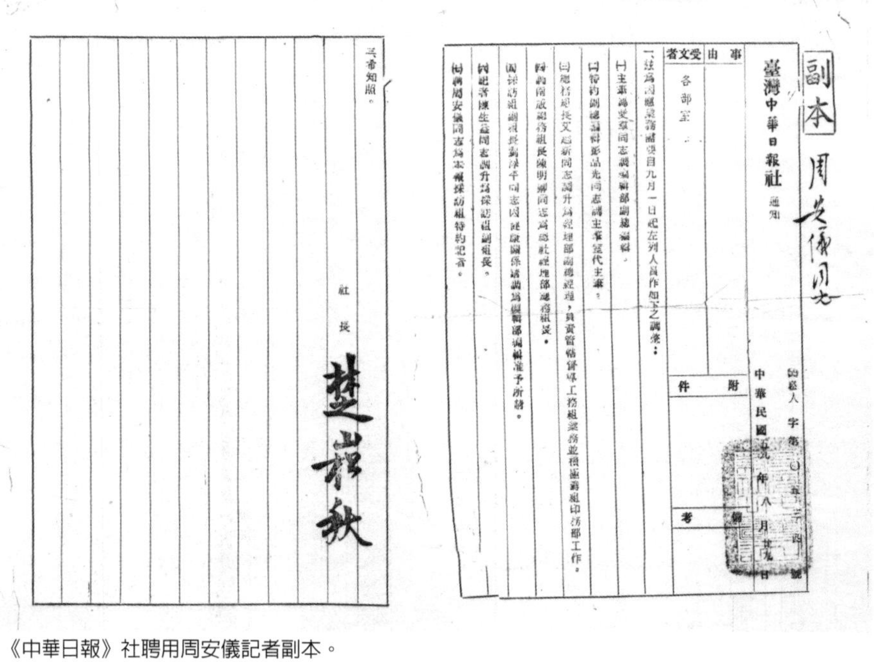

副本

周安儀同志

臺灣中華日報社 通知

受文者：各部室

事由：

一、茲為因應業務需要自九月一日起左列人員作如下之調整：

(一)主筆[illegible]同志調編輯部副總編輯。

(二)特約副總編輯彭品光同志調主筆室代主筆。

(三)[illegible]同志調升為經理部副總經理，負責督導工務組業務並積極籌組印務部工作。

(四)[illegible]總務組長陳明卿同志為總社經理部總務組長。

(五)採訪組副組長[illegible]同志因[illegible]調為編輯部編輯准予所請。

(六)記者[illegible]同志調升為採訪組副組長。

(七)聘周安儀同志為本報採訪組特約記者。

附件

備考

中華民國五九年八月廿九日

希知照。

社長 楚崧秋

《中華日報》社聘用周安儀記者副本。

的學長們，是所謂的「政大幫」，有盧申芳（時任採訪組副組長）和她的先生李祖源、蔣得禮、和俗稱小夫子的陳懷袂、長得高大和美麗的陳茜玲和攝影記者張威等人。他們看見我這個小學妹的加盟，都很歡迎，並教導我如何跑新聞，我被分配跑文教兼跑影劇路線。

我印象最深刻的是在偌大二樓的辦公室裡，採訪組、編譯組和編輯部，合在一起。右邊靠窗口的是採訪組，左邊是編輯部和編譯組。採訪組有三排面對面的座位，中間一排最前頭是一張比較大的桌子，坐在中間一排是長的短小精幹，臉孔清秀而帶點落落寡歡的王安泰，而我坐在右手一排。當時王安泰採訪的是社會新聞兼跑府會路線。他常是獨來獨往的，在報社午飯時也會碰到（因報社除了供應中飯外，尚供應編採組同仁的晚餐），我是新進特約記者，更要勤快賣力的跑新聞，我也因為一則獨家新聞，曾得到採訪組頒發的三百元獎金。也許我這位乳臭未乾，充滿青春氣息的女記者吸引了他的注意，經過一段時日，點頭之交後，好似有一天，長得高高瘦瘦的小夫子陳懷袂（也是大我十屆的學長）心血來潮，正式介紹我給王安泰認識。他對王安泰說：「這是新進記者周安儀。」然後對著我說：「王安泰，就是王默人，他可是一位稍有名氣的作家。」他好像有點不好意思的模樣，沒料到過了幾天，他卻拿了兩本他的小說送給我。他笑笑地對我說：「你看了以後，要給我一點感想唷！」

小時候，我就喜歡看小說，這時的我看的是法國作家福羅貝爾的《包法利夫人》和俄國大文豪托爾斯泰的《安娜卡列尼娜》、《戰爭與和平》，以及美國作家史丹貝克《憤怒的葡萄》和法國作家大仲馬的《基督山恩仇記》等，所以拿了他送的書就迫不及待的回家，又像以往的挑燈夜戰地讀著，過了幾天才看完他的小說。

有一天，吃過午飯後，我特別走到他的辦公桌前，對他說：「爲什麼你小說中的人物，多半是那麼地悲觀而無助。尤其是逃難的那一幕，爲什麼上面的人非要把下面上船來的人踩下去？」那時採訪組個個都去跑新聞了，顯得空空蕩蕩的，只剩下我們倆個人。他用那張英俊臉孔而又帶點憂鬱的眼神抬頭看了看我，好像有點驚訝我的坦誠，覺得我這位剛出道的女記者還眞的認眞地看完了他的小說。（因許多作家把書送給別人，別人只是把書放在書架上當作擺飾品），偶爾翻翻而已，並沒有像我這般地仔細讀他的小說，還會提出問題，他對我不知不覺產生了好感，當時的我並不知道。

剛開始時，我是把他當作大哥看待，並沒有對他一見傾心，有空閒時，他會指導我如何寫新聞，他也願意幫助我，在寫稿方面使我獲益良多。

我非常賞識他的文采，也常向他討教文學方面的事情，神不知，鬼不覺的，我們倆就偷偷地很自然地交往起來。那時的我傻乎乎地，純眞而帶點青澀，天眞而沒有心機，一臉無邪的樣子，但我並不知道，他已對我動了心。他怕我晚上一人坐公車回家不安全，又怕我路上會碰上壞人，下班寫完稿後，他會陪我走路回家。

從小我就沒有哥哥和姐姐，有他相陪從報社武昌街走回東門町的我家，我很有安全感，一路上，喊他「哥」，就是結婚後，我也喊他「哥」，他很是受用這個稱呼。

每天晚上下班後，他和我肩靠肩的在大街上走著，不管是晴天和雨天，也不管在任何時候和場合，他總是顯得那麼自然，那麼落落大方，是那麼地不卑不亢，也就是這點獲得了心靈的默契，我很願意跟他在一起。

我倆常半側著頭，面對面的傾談著，談著文學，談著新聞工作，也談到了生活和生命，有時沒等他說完，我就急於插進去接著說，總有談不完的話題，漫長的三十分鐘，很快地就過去了。他是個君子，從未牽過我的手，只是默默地送我回家，從此我不再是獨行俠，有他相伴，已經成爲他的例行公事。他送我到家門口後，我只向他招招手，他的身影就消失在黑暗中。有時他會自己坐公車或叫計程車或者走路回家。

風雨無阻地走了近三個月，他突然約我到當時位在館前路的「田園咖啡館喝咖啡」。他對我說：「周安儀，田園咖啡館是文人雅士常去的場所，說不定，你還會碰到許多心儀的作家呢？」我很好奇，就爽快地答應下來。

那是一個燈光很暗什麼都模模糊糊看不清楚，很有情調的場所，也是文壇情侶們常常光顧的地方。我看到兩旁的客人都在打情罵俏，談情說愛，我卻正襟危坐，坐著聽著他談起那些文友的趣事，突然他那雙明亮會說話的眼睛，帶著異樣地望著我看，看得我很不自然，他站起身坐在了我的旁邊，本來聊天時，他是坐在我的對面，他把手伸進了我的大腿，並激烈地衝動地吻了我，把持不住地我也和他接吻起來，我很羞赧而矜持，臉孔漲得通紅，一時被他的舉動嚇壞了。這是我的初吻。我小鹿亂跳、六神無主、不知所措，才會被他深深地吻了進來。他緊緊地摟抱著我，想要作進一步的行動，但我並沒有讓他得逞，趕緊用手推開他，說要去跑新聞，一溜煙地像驚弓之鳥，頭也不回地飛快地跑出了田園的大門。

當時我並不知道，他已對我一往情深，想要我。我認爲他很是輕薄，一心想要調戲我，有好長一段時間我都躲著他，不敢再答應和他幽會。

直到一九七〇年的聖誕節。他手中拿了兩張票，要請我晚上去中山北路的國賓飯店跳舞，一同慶祝這個佳節。

盛情難卻之下，我想大家都是同事，也想去湊個熱鬧，在這種猶疑的心理下，勉爲其難赴約。

那天，舞池裡擠滿了人，我沒有學過跳舞，也不會跳舞，他把我帶進了舞池，只會跳三步舞曲的王默人摟著我二十一吋的細腰，不厭其煩的教我跳著三步舞曲，左一步向前，右一步退後，然後兩腿併攏再往前滑動，再後退。我很笨，穿著一雙二吋半的高跟鞋，常踩在他的尖頭皮鞋上，他也不以爲忤，仍然深深地緊緊的摟著我。那時的我長得高瘦，紮著一條馬尾，愛穿一襲深色的衣服，看起來比較老成，但又脫不了稚氣，跳了一會漸漸地我也適應了吵雜的環境，和他相擁摟抱跳舞。人實在是太多了，黑壓壓的一片，跳了一會，我覺得空氣稀薄，透不過氣來，再玩下去也覺得沒有什麼情趣，就央求他送我回家。他就叫計程車送我回府。

我一直把他當成大哥看待，並沒有把他當成我的男朋友，更沒有把他當成對象。

剛滿二十四歲的我，一個初出茅蘆的小記者，還沒有經歷過這個花花世界，少年氣盛，再加上追我的人大有人在。因一九七〇年代女記者少之又少，我的出現，讓他們有新鮮感。譬如《新生報》採訪組副主任李慶榮，他追求我追得很緊，常請我吃飯，曾在中山北路天橋下餐館請我吃過他的家鄉菜，有一次甚至來報社接我，開他的轎車把我帶到他住的一幢單幢房屋，尚未到他家時，他手指著前面對我說：「那就是我新買的房子，將來也是我們的新家，你嫁給我，包你衣食無缺。」我下了車，卻笑嘻嘻地對他說：「我是嫁給你，還是嫁給你的房子？」我要嫁的是我喜歡，我心儀的人。身形較爲矮胖的他有點愣了一下，聽了這番話他就打退堂鼓，馬上送我回家，我也沒有進他新家的大門，因我老是對他嗤之以鼻、不假顏色，過了幾年才聽說他娶了一位女護士回家。

還有一位是我的小學同學，他是一家煤氣行的小開，時常到我家裡去玩，同我父母和大弟混得很熟，每天在我家門口站崗，晚上我家店鋪打烊時，常請父母親和大弟一起去吃宵夜，等了好長的一段時間，看我都沒有理會他，也不睬他，更沒有一起去吃宵夜，就很識相的不再約會我。

另一位是我採訪時認識的稍有名氣的男歌星，他出手闊綽，爲討我歡心送了我一雙昂貴的眞皮的紅色手套，並約我出去玩。約了我幾次，我也沒有赴約，就不了了之了。因爲我從來沒想到要和他走在一起。

在熱戀中，王默人曾向我求歡過，我都拒絕了。

因爲我記得小時母親曾鄭重地告誡我：「咪咪，你不要傻乎乎地，一旦男人得到了你的身體，就不會珍惜你，而你就會抱憾終生。」

雖和他交往了幾個月，我也只是讓他吻我而已，並沒有讓他佔有我，不料在一九七一年初卻被一件意外的事攪亂了。

花樣年華的我，單純而充滿青春氣息，毫不做作。一九七一年初，有一天他趁同事們不注意時，悄悄地在我的辦公桌上放了一張紙條，因他的座位和我並不很近。他約我去陽明山賞櫻花，那眞是春暖花開的季節，櫻花綻放的初春。當天他買了許多的糕點、水果之類的作爲午餐。我們一塊坐公車去踏青，我很是興奮，在這春光明媚的好天氣中，心情特別開朗，我們鋪了一條大餐巾在草地上，吃起了午餐，沒想到，他又情不自禁地吻了我。當我懶洋洋地躺在那塊塑料布上，抬頭望見頭頂上的白雲冉冉而過，好不愜意。正當我放鬆下來時，突然他壓在了我的身上，把手伸進了我穿著迷你裙的內褲，我打了一下他的手，他才停住。這時，他又吻得我幾乎透不過氣來，嘴裡的熱氣吹進了我的口裡，他開始摸我的乳頭，接著往下移，弄得我春情蕩漾，血脈噴張，再度他掀起了我的裙子，他的那張清秀的臉激動地漲紅了起來，喘著氣。涉世未深的我，竟讓它插了進來，他一陣快感，我下體劇烈疼痛，我說「不要」，他就愈發衝刺，我流血了，喊痛，他好似憐香惜玉地，停止了它前進的動作。趕忙用衛生紙擦了擦我的下面，看見我見紅了，他一面猛地用手拍打自己的腦袋，一邊說：「都是我不好，把妳給弄痛了。」然後他的眼眶濕潤了起來，想講什麼，又沒說出來，草草收拾了一下，就叫車送我回家。

當時我也不知是怎麼一回事，什麼也不懂，只覺得天旋地轉地，才會讓他無意中佔有了我，被它玩了進去。

我從未和人玩過，也眞不知情慾的滋味，也許離過婚的他，孤身一人，身邊沒有了女人，就想在我身上發洩，尤其是在他少壯期中，生理上正需要女人的慰藉。

回家後，我也不敢告訴母親，我的處女膜已破裂，下體仍然疼痛。當時的我眞是欲哭無淚，無處可訴。而我的初吻和我的貞操已經毀在他的手中，我已是他的人了，再也不純潔，更不是單純的少女了。

那時我並不知道他愛我已深，千方百計地想要得到我的身心。幸好他玩了我，最終也對我負責，否則我眞是無語問蒼天，有苦向誰訴啊！

情竇初開的我，不知王默人如此的迷戀我，每次一看到我，就想要和我溫存一番，他要我非常的兇，也非常的猛烈。

一九七一年的二月份，他又心血來潮約我出去新公園散步。我倆走著、走著，走過那頂我最喜歡的石頭拱橋，手牽手一邊談著文學，一面欣賞池塘裡逍遙自在的鴛鴦和荷花。我倆就像一對情侶徜徉在大自然的懷抱中。

那天豔陽高照，天氣很熱，我想去新公園對面的小吃攤去吃碗紅豆牛奶刨冰。他是一個不喜歡吃零食的人，尤其不愛吃甜食。他就默默地陪著我，看著我吃。突然，他瞧見對面旅社有一對男女親熱地依偎在一起走了出來，他就急匆匆地付了帳催著我走，沒想到，走著、走著，他就拉我走進了那間旅社，對進門登記的一位乾瘦老先生說：「要開一間房休息。」當時的我臉紅心跳，害羞地低下頭，躲在他背後，不敢看那位老先生，任由他牽著我進了二樓的一間房。

一進房間，他就隨手鎖上門，要我先去洗澡，然後他再去洗澡，等我洗完澡，披了一件櫥櫃裡掛著的

周安儀與王默人相戀時，在新公園拱橋合影。照片由《中華日報》記者張威拍攝。

白色睡袍就躺在床上休息。那是一間很簡陋的小旅社，雪白的床單上還有淺黃色的漬印（那是以前的人打炮留下的痕跡），他先把枕頭並排放好時就看見了那幾滴漬印，就衝動起來，慾火上身，馬上爬在我的身上，我推開他說：「你不是要洗澡休息嗎？」他才不太情願地去洗澡，等他洗完澡，看我已躺在床上睡著了，那白色睡袍下半裸露著那青春高高挺起的雙峯的胴體時，不禁獸性大發，把我緊緊地壓在下面，然後從上吻到我下面的私處，弄得我全身發熱、發燥，又暈了起來，昏昏沉沉的任由他玩。這次，他似乎放開了，玩得很起勁，達到了高潮。當他和我平躺在床上時，一本正經地對我說：「周安儀，我玩了你，就要對你負責。」我傻乎乎地側著頭望向他，他接著說：「我要娶你進門，我不能沒有你，我愛你，我要你。」他向我正式表白，說完這幾句話，他又再一次衝動了起來：「我還要你。」說著又爬到我身上，撫摸著我的私處，再次挺了進來。他精力旺盛，一發不可收拾，玩得非常盡興，我卻覺得好累，不能動彈。

他心裡很清楚，我的父母親反對我倆的交往，他濃情密意的用他那深邃的雙眼看著我：「我一定會徵得你父母親的同意，和你結婚的。」他斬釘截鐵地對我鄭重地再次告白，他願意爲了我犧牲一切，他解脫了。說完這句話後，然後他就累得倒在床上，要我先回報社，他隨後再回去。

這時的他愛我愛得如此癡迷，我也愛他愛的這般癲狂。眞是愛的死去活來。

他是一位漁夫，把我這條涉世未深的小魚給網住了，從此，我就沒有再逃出他的手心，就如同西遊記裡的孫悟空，逃不出如來佛的手掌心。

每次他都像一隻惡狼一般地撲向我這條軟綿綿的小綿羊，我只好任由他擺布，因爲我愛他很深，願意把我所有的一切都給他，也忘了禮儀和禮教。就這樣，我被他捕獲了，不可自拔地陷入了深深的情海中，沒有他，就沒有快樂。

在所有追求者中，唯獨對王大哥，我可是情有獨鍾，不惜在任何艱難情況下，都願與他結為連理，也願意和他同甘共苦，眞是愛他愛得難分難解，難解難分。有時在一起纏綿，久久不能分開，因我深深地瞭解，他所受的苦，要在我身上發洩出來，要從我身上得到慰藉。

「生命誠可貴，愛情價更高。」在親情和愛情兩難之中，我最終還是選擇愛情，像飛蛾撲火般，撲向了王大哥，可能我倆前世的緣分，要今世償還。

第三節　我傾慕他的文才，私奔結連理

自小時候，我就非常任性，我想要的東西，就非要得到手不可，這種離經叛道且叛逆的性格是與生俱來的。

為了王默人，我和家裡的關係處得很不好，尤其是父母極力反對。他們反對的理由是，他離過婚，還有一個七歲的女兒，而且年紀又比我大十來歲，更沒有經濟基礎，怕我將來跟了他會喫苦。那時不僅父母不願意我同他在一起，連我的弟弟們也一起聯合反對我倆，他們常常監視我的一舉一動，除了上班外，不准我出門，甚至還準備要把我軟禁起來。但父母並不知道我已和他上床了，我已是他的人了，不

再是黃花閨女，也不能再嫁給別人了。

他已經捷足先登了。我也是個死心眼，非他不嫁，而他也非周安儀不娶。這對苦命鴛鴦，只好往死裡飛，死裡逃生，不能各自分飛，只能在一起往前飛，走一步算一步。幸好他不是位薄情郎，對我始終如一。

其實那時我的芳心早已有所屬，因我倆情投意合。我曾對我大學深交的女同學張國芳一起搭公車時，鄭重地對她說過：「此生非他不嫁，如果嫁給別人，我會一輩子快樂不起來的。」

天生的一副倔強脾氣，父母愈反對，我愈是要和他來往。

他已經離了婚，成了孤家寡人，爲了親近我，他甚至搬到我家前面信義路一段小巷裡的一間一房的公寓居住，開始了新生活。

那時報社的同仁們已經知道我倆是一對情侶，是一對打得火熱的戀人。我們的事在報社裡已經傳得沸沸揚揚，而且當時我女同事陳茜玲還悄悄地問我：「你是不是和王安泰談戀愛了。」我害羞地告訴她：「是的」，等於是公開承認了我倆的戀情。

就在和父母僵持不下時，一九七一年四月十三日的晚上，我從報社下班回家。母親守在我的房門口，用嚴厲的口吻對我說：「咪咪！從今往後，不准你去上班，我要把你送到美國去讀書，不許你和王安泰有來往……。否則打斷你的狗腿。」說完這句話，父親眞的動起手來，用他深咖啡色的皮帶抽我，打我，我哭了起來，打完後，父母還罰我跪在房門口不准起來。

等父母回房睡著後，我才悄悄地站起身來，睡在我的那張靠窗邊的單人床上，心亂如麻地翻來覆去的，沒有闔眼，並且胡思亂想著今後該怎麼辦。左思右想的，想到今後不能去上班，就再也見不到安泰了，我心裡就絞痛起來。這時我猛然地坐起身來，下定決心要離家出走。我先脫下了父母買給我的那隻手錶，以及考取政大父母送給我的半卡鑽石白金項鍊和外婆送的四顆小鑽的戒指，把它們都放在我的書桌上，並在棉被裡塞滿了許多我的衣服，僞裝成我還睡在床上。我只穿了一套藍灰色的睡衣和咖啡色的尖頭皮鞋，連襪子都沒有來得及穿，帶了一個綠色的小錢包，裡面有些零錢，還有一張記者證，未到凌晨就翻過我家後花園的那道籬笆，通過一條漆黑的巷弄，到街口就叫了一輛計程車，直奔王默人所租住信義路一段的小房。下了車通過一條沒有路燈光的小巷子，驚魂未定急沖沖地，「碰！碰！碰！」敲了他家的大門，他開門一看見我就知道是怎麼一回事，急忙一把將我的人往外推，一面對我說：「你趕緊回家吧！否則你父母親會著急的。」又用他的手臂緊緊地夾住我的肩膀：「我會用行動來取得你父母的諒解！」他不准我進門，這時我哭得梨花帶雨地倒在他的懷裡，哀求著他：「我已離家出走，再也不能回去了。」這時的他才心軟了起來，看我哭得像個淚人兒，止不住地疼惜我，拍著我的後背，安撫我，並用他的手帕把我的眼淚擦乾，然後正經八百地對我說：「你讓我想想，今後該怎麼辦？」

這時的我，知道他是一個正人君子，到了這種危急關頭還在爲我設想。我下定決心要跟他，就斬釘截鐵地對他說：「哥！今生非你不嫁，要不——我們倆去公證結婚吧！」，聽到我這句話，他已知道事情已發展到不可收拾的地步，他立刻打電話給他的文友已故的舒暢（本名舒揚）和另外報社的一位同事樂俊漪作公證人，要他們明天一早到台北地方法院公證處作公證人，這時的我才破涕爲笑，趕緊打電話給中央日報的同事，請他們即刻在報頭下登一個套紅小廣告「王安泰和周安儀已於四月十四日在台北地地方法院公證結婚」，但因時間來不及，第二天才刊登出來。這是我用的一個小心機，是要讓父母知道我倆已經辦手續結婚了，生米已經煮成熟飯，他們再反對也無濟於事了。

一向衣著整齊，有著紳士風度的王默人穿好白色的香港衫，打扮妥當後看時間還早，就坐在沙發上，聽著我訴說著昨晚發生的事情，我咬牙切齒地說：「沒想到父母用這麼激烈的手段，想斬斷我跟你的戀情……。」停了一會兒，我又說：「我倆兩情相悅，絕不能被拆散。」

事情已到最後關頭，反而我倆都冷靜了下來，而且我已到了法定結婚年齡。他對我說：「安儀，趁早上法院未開門前，我想先去商場買一件衣服給你穿。」我卻說：「穿睡衣，有何不可。」他就沒有再說下去。

在一九七〇年至一九八〇年代，到美國留學已成爲風氣和時尚。我許多的大學同學，譬

中華民國六十年四月十五日

中央日報

中剛友誼展開歷史新頁
莫布杜總統今訪華
總統將蒞機場歡迎

諸親友
我倆已於民國六十年四月十四日上午九時在臺北地方法院公證處舉行結婚典禮
特此敬告
王安泰
周安儀
謹啓

王安泰、周安儀於《中央日報》的結婚公告。

如陳永明、張國芳、羅蘭、梁嘉木以及大學同學任肖玲等都申請到美國大學的獎學金，已先後到美國留學。甚至連母親最要好的同學田阿姨也已在紐約做護士，並把一兒楊康樂和一女楊麗順接到了美國。所以父母認爲我前途似錦，應該出國留學，沒想到死心眼的我，非要拋下大好前程，嫁給當時已三十七歲的王默人，並答應爲他撫養他年僅七歲的女兒王慕淳。因而父母打死也不會同意這門親事。我當時率性所爲，不顧父母的反對，最終仍然如願地嫁給了他，眞不知自己會愛上王大哥，更不知道自己會爲了他走上私奔這條不光彩的路。

我是一個現代女性，相信自由戀愛，他讓我沉迷愛河如此之深，不可自拔。我願意跟他出走，嫁給一個一無所有，而且離過婚，有個孩子的男人。五十年後的今天想起前塵往事，當時的我確實勇氣可嘉，就是現在仍覺得回味無窮。

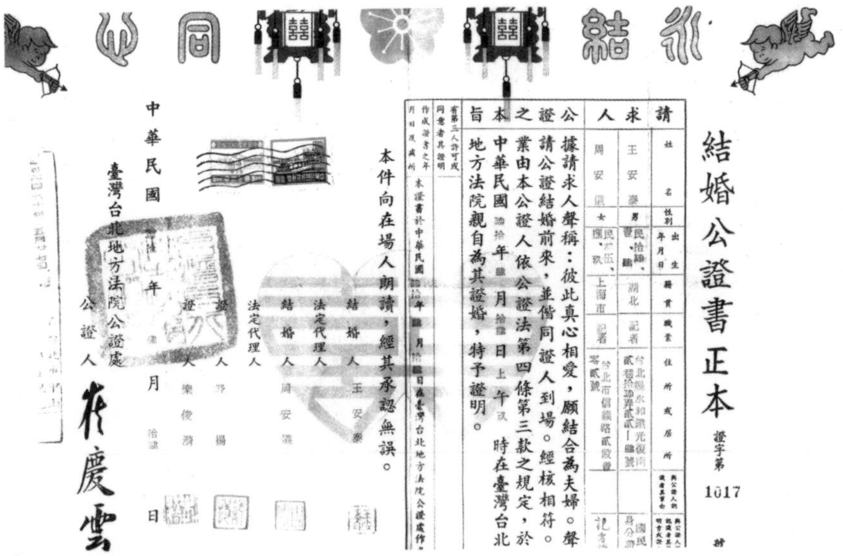
結婚公證書正本

證字第 1017 號

請求人	姓名	性別	出生年月日	籍貫	職業	住所或居所
	王安泰	男	民拾[illegible]	湖北	記者	台北[illegible]
	周安儀	女	民貳[illegible]	上海市	記者	台北市信義路貳段[illegible]

公證之本旨：據請求人聲稱：彼此真心相愛，願結合為夫婦。聲請公證結婚前來，並偕同證人到場。經核相符。業由本公證人依公證法第四條第三款之規定，於中華民國[illegible]年[illegible]月[illegible]日上午[illegible]時在臺灣台北地方法院親自為其證婚，特予證明。

本件向在場人朗讀，經其承認無誤。

結婚人 王安泰
結婚人 周安儀
法定代理人
法定代理人
證人 [illegible]
證人 [illegible]

中華民國[illegible]年[illegible]月[illegible]日
臺灣台北地方法院公證處
公證人 [illegible]

王安泰、周安儀結婚公證書正本。

第四節　結婚後的逃亡經歷

第二天父母看到中央日報登載的醒目的我倆公證結婚啓事後，立刻採取趕盡殺絕的舉動，由我大弟安儉陪同，先後去找我的兩位老師，一位是我現任報社的社長楚崧秋，另一位是對王默人賞識有加的王洪鈞老師（他是我以前新聞學系主任，現任文化局局長）。

據事後母親描述了整個經過情形。她說：「我們追到了機場，和楚崧秋社長講了幾句話，他告訴我們，他也沒有辦法把周安儀追回來……。」她當時就懇請楚社長把膽大妄爲的周安儀立即撤職查辦。所以當我離家出走的那一刻，我就失業了。

而王洪鈞局長則對我母親說：「你女兒的婚事，我不能管。你女兒已長大了，她有她的想法，也有自主權。」父母只好無奈地返回家中，放棄了把女兒追回的打算。

大弟周安儉也參與其中。因他與竹聯幫老大張安樂是建中的同學。他曾參加過竹聯幫，與張安樂稱兄道弟，情同手足，他想透過竹聯幫找到我。

我倆新婚之時，也就是我們苦難的開始。

當我們由公證處崔慶雲主任公證結婚後，就手牽手地歡歡喜喜走出了公證處的大門，他陪我在百貨公司買了一套紫色和藍色的洋裝外套，還有內衣內褲和鞋襪等，都是他挑選和付帳的，又在中華路的餐館吃了一頓豐盛的午餐，就急忙趕回報社去工作。

我還抽空去燙了一個時下最流行髮梢向外捲曲的新髮型。人逢喜事精神爽，穿著我最喜歡的紫色外套和迷你裙，踩著咖啡色尖頭半高跟鞋，嘴裡還哼著不成調的歌曲走進了二樓的採訪組，未料身材較高大，帶著寬邊近視眼鏡的採訪主任林燕生走了過來，他看到我後大聲粗氣的對我說：「周安儀，今天早上你的父母到報社來過要找楚社長，沒找到，又追到飛機場，才找到社長，大吵大鬧地，要社長開除你。」

我張開稍嫌豐滿的嘴想要辯解，我對林主任說：「我有什麼錯，錯在那兒，我和安泰相愛，家裡人蠻不講理……。」還想再說下去，林主任那張暗褐色的臉顯得更沉重了，揮了揮手對我說：「不要說了」，你寫個辭呈，今天就離開報社。

和我結婚後，王默人也同我一樣的命運，骨頭硬的他二話也沒說，也遞上了辭職書。

相識未滿七個月，與他結婚後我倆雙雙都離開了中華日報。

在台北新聞界，鬧得滿城風雨，實在是待不下去了。我和王默人就像喪家之犬，只好落荒而逃，從台

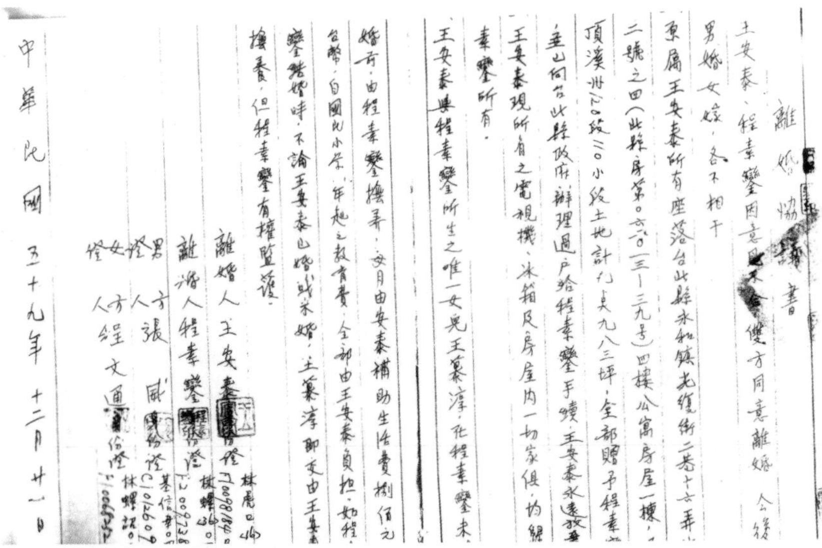

離婚協議書

王安泰、程素鑾因意見不合雙方同意離婚 公證

男婚女嫁，各不相干

原屬王安泰所有座落台北縣永和鎮光復街二巷十六弄二號之四（此棟房第0六0（三一三九子）四樓公寓房屋一棟，頂溪卅0段00小段土地計九点九八三坪，全部贈予程素鑾，向台北縣政府辦理過戶給程素鑾手續，王安泰永遠放棄

王安泰現所有之電視機、冰箱及房屋內一切家俱，均贈素鑾所有。

王安泰與程素鑾所生之唯一女兒王蓁淳，在程素鑾未婚前，由程素鑾撫養，每月由安泰補助生活費捌佰元台幣，自國民小學年起之教育費，全部由王安泰負擔，如程素鑾結婚時，不論王安泰已婚或未婚，王蓁淳即交由王安泰撫養，但程素鑾有權監護。

離婚人 王安泰

離婚人 程素鑾

男方證人 張國

女方證人 程文通

中華民國五十九年十二月廿一日

王安泰、程素鑾離婚協議書。

北南下找避風港。

我離家出走時，僅僅帶了一些零錢。旅途中的所有費用是用他鑽下來的一點積蓄和稿費維持我們的生活，因爲他和前妻離婚時是淨身出戶，一無所有，且把他在永和三睡兩浴的公寓過繼在她的名下，並每月付八百元的贍養費給她作爲今後撫養女兒的費用，直到她再婚爲止。

我們先逃到苗栗，住在苗栗的一間小旅社裡，白天在附近的小吃攤或小飯館裡，隨便吃頓飯。那段時光是我一生最甜蜜的時光。也是最快樂的時日。

我們像一般的小夫妻，過起了如膠似漆的夫妻生活，眞是春蠶到死絲方盡，蠟炬成灰淚始乾。

每晚，他都要我，非我不歡，我不知情慾會如此讓他快樂，也讓他作了許多的犧牲，而我也盡量滿足他的需求，逆來順受，眞是苦中作樂，自有一番情趣。

恰好那時王默人爲中視編寫劇本，撰寫明星劇場的「擇偶記」，即將在一九七一年（民國六十年）四月十八日五時在中視頻道播出。得知消息後，因爲我們暫住的簡陋小旅館沒有電視機，幸好是下午五時播出那齣劇，我倆坐在小飯館裡一邊吃飯，一面看劇，因他很是高興，一方面有這筆收入可做逃難經費（那是他唯一寫的一部電視劇），另一面劇情影射了他是劇中的那個有理想的畫家杜器予，我則是小咖啡館老闆娘的女兒文靜秀麗胡雅慧，愛上了畫家，似乎是我倆戀愛的翻版。這部「擇偶記」還是去年十二月份我收拾他的遺物和文稿時，不經意地翻了出來。看到了那本有點泛黃的劇本時，讓我跌入了回憶的漩渦中，也想起了往昔那段甜甜蜜蜜的時光，眞是感慨萬千，可現在卻已物事全非。

我曾對他說過「貧賤夫妻百事哀」，他卻打趣地糾正說：「應改成貧窮夫妻百事哀」。因在苗栗時，我曾經多次經過鐘錶店，看到櫥窗裡擺放的各色款式的手錶，我都沒有錢買，只能望錶興嘆，但我並沒有說出口來。

雖說是逃難，也等於是度蜜月，我已很知足了。尤其精神生活很充足，更能與王默人相守在一起，雖然他也貪圖雲雨之歡，那也眞是情到深處你儂我儂，卿卿我我，如魚得水，過著快樂似神仙般的小日子。

過不了多久，我聽政大同學們說，我的學長，在台中台灣日報任職的魏吉助，應高雄吳基福之邀，要在高雄創辦「台灣時報」，正在招兵買馬。透過政大同學們的關係，魏吉助要我和王默人南下台灣時

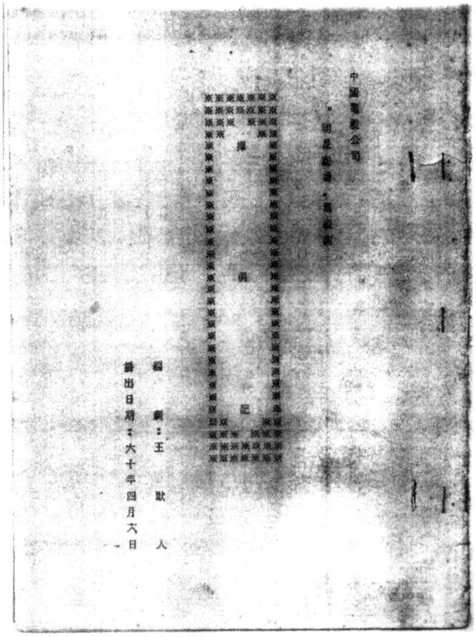

中國電視公司

「明星劇場」電視劇

擇偶記

編劇：王默人

播出日期：六十年四月六日

王默人為中視明星劇場電視劇編輯《擇偶劇》。

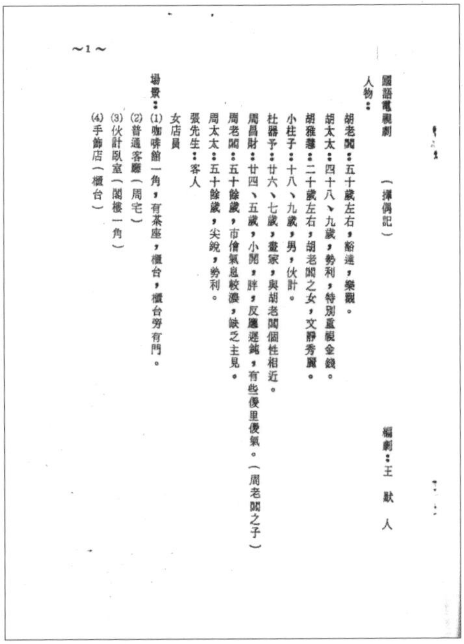

國語電視劇　（擇偶記）　編劇：王默人

人物：

胡老闆：五十歲左右，豁達，樂觀。

胡太太：四十八、九歲，勢利，特別重視金錢。

胡雅慧：二十歲左右，胡老闆之女，文靜秀麗。

小柱子：十八、九歲，男，伙計。

杜器予：廿六、七歲，畫家，與胡老闆個性相近。

周昌財：廿四、五歲，小開，胖，反應遲鈍，有些傻里傻氣。（周老闆之子）

周老闆：五十餘歲，市儈氣息較濃，缺乏主見。

周太太：五十餘歲，尖銳，勢利。

張先生：客人

女店員

場景：(1)咖啡館一角，有茶座，櫃台，櫃台旁有門。

(2)普通客廳（周宅）

(3)伙計臥室（閣樓一角）

(4)手飾店（櫃台）

~1~

電視劇《擇偶劇》劇本內容。

報作記者，並且爲我們租好一幢位在前金區一房的公寓，聽了這個好消息，我們很興奮，當即收拾了一些衣物、細軟和他的一些書籍立刻南下。

我心裡想：「我們終於找到了工作，不要東奔西走，爲生活而苦。」

也就在王默人身上盤纏快要用盡的時候，上蒼又給了我們一線生機。和王默人商量的結果，我們搭上了一輛裝滿豬隻的順風車，因當時行李不多，同時也僱不起一輛正規的搬家車，且價錢較爲便宜，連夜趕路，而一路上風馳電掣，天亮不到就開到了前金區的報社門口。

在行駛當中，我和王默人坐在車的前座，我望向那位年輕精強力壯的司機，他嘴裡還嚼著血淋淋的檳榔，可能是有亢奮刺激的作用。他坐在我旁邊，我問他：「爲什麼你要像拼命三郎般的往前開？」他用一口夾雜著台語的國語口音回答：「如果天亮前趕不到市場，那些豬仔就會在車上灑尿拉屎，減輕了重量，老闆就會罵我的。」所以他才會開快車，想拿獎金。

我們本來就是摸黑趕路的，未料到他一路飛馳，竟然在一片漆黑，天還矇濛亮之前，提早趕到了報社中正四路一六七號的門口。我們倆共同把行李和他的書籍卸下，他很心疼我，要我睡在我們唯一的一張大毛毯上，等報社開門時才喊我起來。

當時我實在是太累了，就聽了他的話，睡在了報社的門口，眞是感覺全身發冷，直打寒顫，好像一個無家可歸的流浪漢。這也是我人生中第一次露宿在街頭，傻乎乎的我竟然不知不覺地睡著了，還打著呼嚕。王默人在一旁打趣笑著：「你眞是一個有福氣的人——在哪兒你都能睡得著。」嫁給他，是我一生中下的最大的賭注，我卻賭贏了。

中國人有句老話：「女怕嫁錯郎，男怕娶錯妻。」我想起來，我實在是一個「幸運兒」，記得小時候和父母親一起去美軍顧問團玩賓果（Bingo）遊戲，我常抽中小獎，抱著一套金銀色相間的鏡子、梳子或一套化粧用品等舶來品回家時，有說不出來的高興，那都是我的戰利品。後來在美國中報工作時參加在華埠舉行記者節慶祝的活動，我也抽中一台檯燈，就是在作經紀人時，也在過年時舉行華人經紀人的慶祝宴席活動時抽中毛毯或者是一百元的禮金，手氣之佳也出乎我的意料之外。

在台灣時報任職期間，一九七一年八月至一九七二年二月，雖然僅有短短的半年多，卻是我一生中最甜美的時光，我永遠也不能忘懷。

在《中華日報》，我倆是同事。在台灣時報我倆又作回同事，不過這時身分已從「愛侶」轉為「嬌妻」。

但王默人對我這個嬌妻卻是一點也無可奈何。他把我捧在手心裡，又怕把我給弄碎了。我在這段期間也作了不少的糗事，讓他為難，出他的洋相，丟他的臉，他時時心驚膽跳的，不知該如何應對和處理。

在高雄前金區，我們住的是一棟一睡房的住宅，雖小但也五臟俱全。高雄不若台北，常停電停水的，就只好儲水或點蠟燭，也頗有情趣的。在報社，他仍跑社會新聞，我則是先作編輯後改跑文教路線。下班後，我倆會手牽手的在雜亂臭哄哄的那條大水溝——愛河邊上散步，也常坐在情人常坐的木椅上聊天。那兒燈光很暗淡，常有情侶走動，就會有小販在夜晚吆喝著叫賣餛飩的小吃，他知道我喜歡吃宵夜，又看我吃得津津有味，食指大動，也會忍不住地陪我吃上一碗，從此也養成了他下班回家前和報社同事吃宵夜的習慣。有一天我心血來潮，要他陪我去高雄最旺的夜市——六合二路的海鮮攤吃海鮮。我們就點了幾樣中意的海鮮吃了起來，也許是不乾不淨吧！未料第二天我們雙雙拉肚子，從此就不敢去六合二路的夜市。因他的肚子較爲敏感，一吃到不新鮮、不清潔的食物就會上吐下瀉的，要好多天才能恢復正常。

我的第一件糗事是我喝醉了，在路旁大吐一番，他也拉不動我，我當時醉倒在路旁，他很尷尬地不知如何是好。

我依稀記得是在記者會上或是在過年報社的尾牙餐會上，我被在場的同事或記者們起哄一再地被他們勸酒，就貪杯多喝了幾杯，一喝酒，我就會上臉，臉紅面赤地。因我從小不會喝酒，這次爲了拼酒，結果醉得不省人事，在回家的路旁就吐的一塌糊塗，他想攙扶著我回家，又拖不動我，只好陪我坐在路旁，等我酒醒再走。他埋怨我：「爲什麼會禁不住別人的慫恿？」我望著他喃喃地說：「我以後不會了。」有過這次爛醉如泥的經驗，從此我就不敢在公眾場合和人拼酒，怕被灌醉，又出醜相。

在喝酒的酒量上，他可是高人一等，令我自嘆弗如。

我和他相處的半個世紀以來，他幾乎沒有醉倒過。

因從他二、三歲起，就由父親王萬國一手訓練起，先用筷子沾了些許酒餵給他喝，他喝成了習慣。記得有一次，他被人灌醉了，非但臉不紅，心不跳，還能熬到回家，再吐在浴缸裡，吐出那些酸嘰嘰、爛巴巴的食物後，他就自己闔衣睡覺，第二天醒來，什麼都不記得，就像沒事人一樣。這點道行，令我嘆爲觀止，大爲敬佩。

一九七一年底，是我倆第一次婚後過農曆年，我拿了報社發給我的年終獎金，買了一隻活生生跳蹦蹦的土雞給他做下酒菜慶祝一番。哪曉得，我把土雞養在浴缸中，卻不知如何宰殺，猶疑了許久，只好請房東一位年紀較大鑲了金牙的阿伯桑幫忙，她先教我把雞倒豎起來，用刀先砍雞脖子，然後放血，再拿一個煮好開水的大鍋，把雞丟進去，才能將身上的滾燙的雞毛順利地拔下。足足費了一下午的功夫，才把那隻土雞斬殺處理完畢，放了冬菇、金針、紅棗、火腿之類的作料，熬了一鍋土雞湯，王默人大讚「好喝」，但我很膽小，將另一半的雞要斬成白斬雞時，出了差錯，剛將雞放在切菜板上時，由於刀太銳利，不小心將我右手第二個拇指的三分之一指甲砍了下來，流血不止，他只好將我送到醫院去包紮，等過了一個多月才能長出新指甲恢復正常。

周安儀結婚後烹飪照片。

第三件糗事，是我不小心吞下了一塊魚骨頭，那塊半大不小的魚骨頭卡在我喉嚨裡，吐不出來，也嚥不下去。這下可把他急壞了，趕緊把我送進醫院，幸好醫生用鉗子把它夾了出來，或用機器取了出來，結果並無大礙。事後他埋怨了我好一陣子，怪我：「你怎麼處處不小心，把自己弄成這般狼狽！」現想起來仍心有餘悸，覺得自己眞是笨手笨腳的，一點也不會做家事，更不像一個家庭主婦。

其實從小我就嬌生慣養的。在家裡不是傭人燒菜，就是母親下廚，我從來沒有眞正下過廚，炒過菜，就是幫忙而已，也不過是去東門菜市場買買菜罷了。而他卻比我行。他教我燒菜的秘訣是先把所有的雞鴨魚肉等類食品都要焯水過油，一定要經過這道手續才能下鍋去烹煮，因可除掉腥味。

不僅王默人比我能幹，就連在《台灣時報》的男同事，也是記者長得高瘦的張慶禧（在舊金山曾和他相遇過幾次），他曾請我們和他當年追求的女朋友閻齡齡一塊吃飯，因爲閻齡齡也兼職跑文教新聞，與我倆相處很好。他親自下廚做了他家鄉一道廣東名菜「冬瓜盅」給我們吃，可見男人燒菜功夫也不輸於女性。

雖然在《台灣時報》工作，採訪主任魏吉助和其他採訪同仁與我們相處和睦，但王默人仍然認爲我們兩人的「根」在台北，避過風頭後，認爲時機已成熟，要我倆都請辭，決心回台北發展。

第五節　回台北發展求職不易

回台北，我們倆舉目無親，靠著政大要好的同學張國芳母親張媽媽的幫助，才在她們住的和平東路的成功新村——一排軍中的眷村，租了一間小房暫時住了下來。當天張媽媽還送了幾個熱騰騰的包子給我們充飢。

我依稀記得那一間靠近眷村門口的小屋，窗門潔淨，卻很光亮。

回台北後，我就邀請幾個大學同學來我家慶祝我們的新婚。其中有葉映紅、陳永明、張國芳、陳惠美和已故的申佩芸等，大家都擠在我那小小靠窗的廚房裡，看著我包著有肉餡的白菜水餃，一邊包著，一面還哼著不成調的歌曲，很是驚訝，因爲他們心裡想的是已經落魄到如此地步

周安儀和王默人的結婚照，1972年從高雄回臺北時在照相館拍攝。

的周安儀，還能像以前一樣，好心情樂觀地唱著歌，眞是不可思議。那時他們都沒有結婚，而我是閃婚，所以成家較早。

回台北後，由於陳永明住在建國南路，離我家很近，常來往，那時她在中國廣播公司作記者（曾是系裡的女狀元，演講比賽的冠軍），她親自爲我化粧，因我常是素顏不喜歡塗胭脂水粉的，偶爾只擦些口紅而已。娟秀長臉的她親自爲我畫了一個淡妝，並且拉我們去附近的照相館，我就借了相館裡的一襲白色婚紗穿上，而王默人穿著一套西裝，和我同時胸前佩戴了一朵假的塑料花，在攝影師的指揮下，拍了兩張婚紗照，由於王默人才三十八歲，不顯老，俊秀臉蛋英氣逼人，意氣風發，而我也顯得長髮披肩，明豔照人，看起來眞是郎才女貌挺相配的一對，我也很滿意這張婚紗照，後來放大後掛在福德街家中我們臥房的牆上。

我們倆人結婚時，沒有婚戒，沒有結婚蛋糕，沒有婚禮，更沒有大肆宴請賓客。只有一紙婚約——一張結婚證書，後來又補了結婚照，但我已經很滿意，有結婚照作紀念，就聊勝於無了。

回到台北，雖然有熱心的同學和同事積極地幫助我倆求職，也許是風聲太大，沒有一家新聞機構敢聘請我們，我們就靠半年多來在台灣時報省吃儉用存下來的薪水度過了這段時日。

在這段艱苦的日子裡，其中有四個月，我都沒有找到工作，雖新婚燕爾，並沒有夜夜春宵，眞是再度應驗了「貧窮夫妻百事哀」的這句古話。

後來還是王洪鈞老師要我爲他的一位紅顏知己，長得高瘦端莊秀麗，衣著典雅的一位中年女士寫回憶錄。她出生高貴，但遇人不淑而走上離異的道路，故事頗爲曲折離奇而動人，我去她那高牆紅瓦的莊園寫了一部分稿後，她就不要我再寫下去了，我也不知是何原因，因此也沒有收到任何的酬勞。

靠著王默人朋友的介紹，我到一家較大型的商鋪去作公關，發通稿給各大報社和刊物，爲它們的產品打廣告作宣傳。後來因爲產品銷量不佳，也沒有幹多久，大概一兩個月吧，我就知難而退，也是沒領到任何薪水。

一九七二年六月，王默人進了《經濟日報》，那純屬偶然，因爲靠我以前在中央日報認識的一位資深編輯高永祖（高老）的介紹。他是經濟日報劉昌平社長的同學，他本來是想舉薦我去的，結果我們倆一同去應徵，表情嚴肅，一臉寒霜的吳博全（博老）卻錄取了王默人，他對王默人非常賞識。他雖從未跑過財經新聞，可他學習能力強，除了跑新聞外，還爲《經濟日報》撰寫一系列專欄，也爲他日後出版一

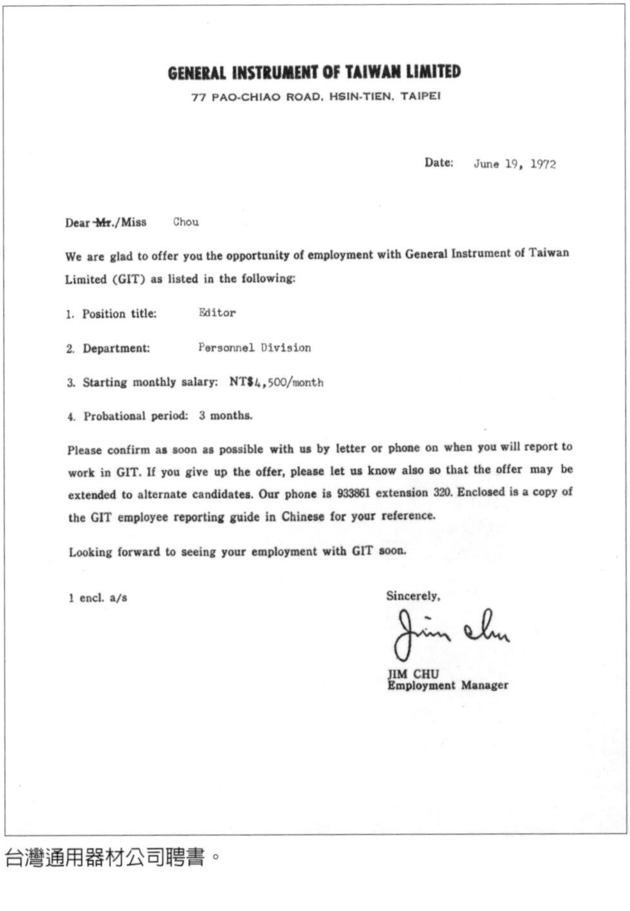

GENERAL INSTRUMENT OF TAIWAN LIMITED
77 PAO-CHIAO ROAD, HSIN-TIEN, TAIPEI

Date: June 19, 1972

Dear ~~Mr.~~/Miss Chou

We are glad to offer you the opportunity of employment with General Instrument of Taiwan Limited (GIT) as listed in the following:

1. Position title: Editor
2. Department: Personnel Division
3. Starting monthly salary: NT$4,500/month
4. Probational period: 3 months.

Please confirm as soon as possible with us by letter or phone on when you will report to work in GIT. If you give up the offer, please let us know also so that the offer may be extended to alternate candidates. Our phone is 933861 extension 320. Enclosed is a copy of the GIT employee reporting guide in Chinese for your reference.

Looking forward to seeing your employment with GIT soon.

1 encl. a/s

Sincerely,

Jim Chu

JIM CHU
Employment Manager

台灣通用器材公司聘書。

本「一百位白手成功的企業家」上下兩集奠下了基礎。後來這本報導文學於一九七八年三月由林白出版社出版，這也是他撰寫多樣性文章的成果。

《經濟日報》沒有錄用我，在這期間，我每天看報章雜誌的分類廣告找工作，無意中看到新店一間外資公司徵求編輯，我就去應徵。在人事主管部門，一位長得高瘦，有著長長馬臉、穿著入時的主管朱先生（Henry），經過面試，他錄用了我。

一九七二年六月十九日我就進了新店寶橋路台灣通用器材公司，作了每月出版中英文刊物「通用之聲」的主編，月薪四千五百元，那薪水可是當時的華文報紙記者收入的兩倍。

通用公司是一間總部設在美國的德克薩斯州專門製造半導體晶片在台投資開設的分公司。我主要工作是跑公司內部工廠的新聞和數條生產線上的員工活動和花絮等等。我當時在公司裡掛紅

周安儀攝於通用器材公司。

牌，每天上班不需打卡，不屬於人事處管轄，算是一名管理階層員工。

當時人事處長是魯比（E. Ruby）先生，他長得高大胖碩，他對我非常地友好，可是他的秘書孫太太，她嬌小身材卻有著一雙鬥雞眼，爲人有點刻薄，帶些小心眼，她對我並不太友好。可我雖然辦公室在人事處，但人事處員工如譚先生（人事督導員）和管總務綽號唐老鴨、和打字員阿汪、葛鴻玉等都對我相當地友好。

兩人同時找到了工作，他這時如虎添翼，愛情工作事業兩得意。每天晚上下班回家後，仍要埋頭苦幹，寫他最喜歡的小說。他寫作時常用手支撐著他的額頭，帶點憂鬱的神情，讓我看了非常心疼，勸他要愛護身體。他甚至半夜都不睡覺，扶在桌上挑燈夜戰直到天明。常是撕了又寫，寫了又撕，總是那麼不易滿足自己，老是這樣，沒法讓自己滿意。他常對我說：「安儀，我喝下的是白開水，吐出來的卻是牛奶。」

在那段時間他寫作達到了頂峯，他寫出了許多膾炙人口的佳作。

不管在結婚前或結婚後，我都受到他的鼓勵，也開始重拾筆桿，夫唱婦隨。由於還沒有孩子的拖累，寫作慾望一發不可收拾，好像是同他比賽一樣，膽大起來到處投稿，並樂此不疲。

我倆好像龜兎賽跑一樣，一回到家都努力筆耕。

每晚我都會在家燒好飯菜，等他回來一起吃，如果他有應酬或記者會，我就胡亂在家隨便吃一點。

第六節　首次投資股票失敗，幾乎血本無歸

大約是一九七三年間，在《經濟日報》的記者們接觸的對象都是工商界人士，看到許多人因投資股票而致富，大家都想躍躍欲試。我們也非常地嚮往，也想湊個熱鬧。剛好恰在那時我倆已積賺了十萬元。由於數目較小，只好依附在採訪主任名下，但當一年後我們想買房拿出來時，此時股票市場已進入熊市，動蕩不安，全面下挫，我們僅拿回了三萬台幣，等於是近三分之一的本金，這也是我們以後不敢投資股市的主要原因。

在美國，二〇一二年王默人已退休時，而我在二〇一二年即將退休之際，才將大部分的退休金放在股票和共同基金內，因我倆深怕美金會貶值。而在美國人人都是這樣操作退休金的。

第七節　王默人要先買房才能生孩子

王默人是一個穩紮穩打的人，他一再的同我說：「如果我們沒有一棟自己的房子，我就不想要孩子。」

也許是我們在結婚後搬了許多次的家，令他感到有些害怕，沒有安全感吧！每次他跟我顛鸞倒鳳，顛狂繾綣在一起時，他都能克制自己，不讓我懷孕，更不讓他自己達到高潮，這點也是一般常人不能做

到的。

結婚後，我們就到處租房子住。從高雄開始，回到台北後，先後搬到和平東路眷村、復興南路、松江路、敦化南路、忠孝東路和台視公司後面的一條小巷弄，前後共搬了十一次之多。

所以他對與人合住，有點害怕，尤其人與人之間是很難相處的。大家一起共用廚房和浴室，較會發生摩擦現象。當和房東一起住時，他比較會討好房東，一有空閒會為房東太太打掃浴室或作拖地之類的苦力活，這也非他一介書生所為。為此，我倆都害怕搬家，雖然我倆物品不多，床墊也只有一個，但也總有一張書桌和幾把椅子，還有書籍和衣服之類的雜物。而且每次搬家都會損失一些衣物和一點小錢。因大而化之的我，常把一些零錢放在抽屜裡，也忘了打包，就任由搬家公司年青力壯的夥計們搬到新住處，也沒有全程看守者，甚至我丟失了小學中學畢業證書和紀念簿。為了達成他的生育目標，也為了讓我有安全感，直到婚後四年才生下了兒子王思予。

第八節　生孩子苦難的歷程

一九七四年我們用積蓄在台北六張犁墳場前面（和平東路三段一九六巷五十八弄十二號），買了一幢正在新蓋的僅有十二坪的二樓公寓。他還特別加錢請建築商在客廳後面隔了一小間作書房。

一推開窗，就看到山上密密麻麻的墳墓，灰禿禿的棺塚，有剛砌起來的新墳，也有斑斑駁駁的舊墳，甚至有些雜亂的野草和枯萎的鮮花散落一地。但由於價錢便宜，路口還有公車可直達新店，才蒙著頭住了下來。

那年夏天，我是在通用器材公司工作時懷孕，王默人喜出望外，我倆終於有了愛情的結晶，但一向任性的我不聽話，還照常上班，做家事和洗衣，甚至熬夜寫作、投稿。懷胎三月就要流產，不休息的我，五月也保不住，甚至七月要早產。

爲了保胎，這時不得不遵照醫師的指示，安靜地躺在床上三天三夜不動。躺得我腰酸背痛，他也不敢碰我，怕我小產。那段日子眞是難熬。大肚子的我終於在懷孕七月破水，他趕緊準備了一個待產的包袱拎著送我去台大醫院待產。羊水流了一天一夜，等半夜時分還沒有生產的跡象，只好催生。那時我是勞保，四個人一間房，我看見產房裡所有的產婦都抬出去生產了，只剩下我一個人孤零零地躺在床上，很不是滋味。

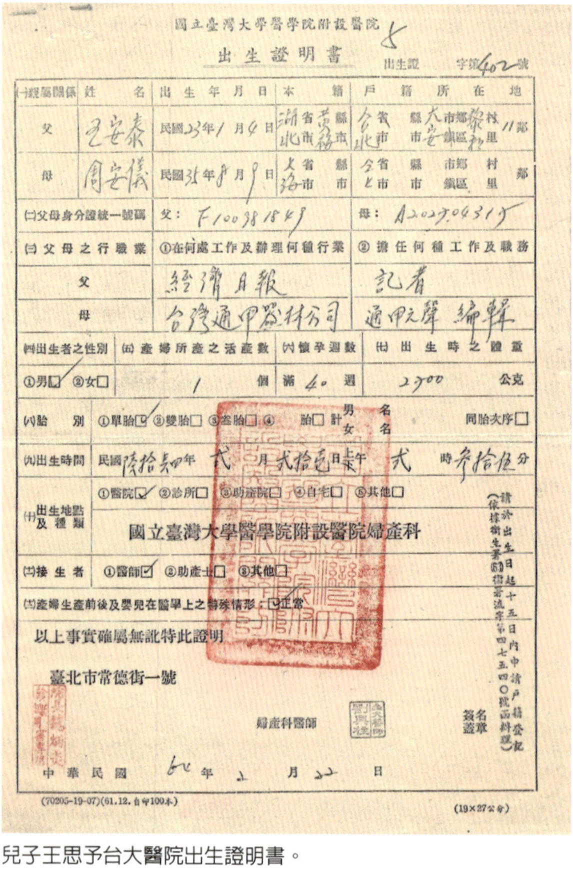

國立臺灣大學醫學院附設醫院

出生證明書　　出生證　字第402號

(一)親屬關係	姓名	出生年月日	本籍	戶籍所在地
父	王安泰	民國23年1月4日	湖北省市 黃梅縣市	台北省市 縣市 大安市鄉鎮區 黎和村里 11鄰
母	周安儀	民國31年8月9日	天津省市 縣市	台北省市 縣市 市鄉鎮區 村里 鄰

(二)父母身分證統一號碼　父：F100981849　母：A202904315

(三)父母之行職業	①在何處工作及辦理何種行業	②擔任何種工作及職務
父	經濟日報	記者
母	台灣通用器材公司	通用之聲 編輯

(四)出生者之性別	(五)產婦所產之活產數	(六)懷孕週數	(七)出生時之體重
①男☑ ②女□	1 個	滿40週	2700 公克

(八)胎別　①單胎☑ ②雙胎□ ③多胎□ ④ 胎□ 計 男 名 女 名　同胎次序□

(九)出生時間　民國陸拾貳年 貳 月 貳拾壹日 上午 貳 時 叁拾伍分

(十)出生地點及種類　①醫院☑ ②診所□ ③助產院□ ④自宅□ ⑤其他□

國立臺灣大學醫學院附設醫院婦產科

(十一)接生者　①醫師☑ ②助產士□ ③其他□

(十二)產婦生產前後及嬰兒在醫學上之特殊情形：☑正常

以上事實確屬無訛特此證明

臺北市常德街一號

婦產科醫師　　　簽名蓋章

（請於出生日起十五日內申請戶籍登記（依據衛生署(61)衛署流字第四七五四〇號函辦理））

中華民國 62 年 2 月 22 日

(70205-19-07)(61.12.台印100本)　　(19×27公分)

兒子王思予台大醫院出生證明書。

當時我指定台大婦產科一位頗富盛名的李醫師助產的，私下裡還包了一個三千元的紅包，結果左等右等還是生不下來。直到半夜二點左右，看情況不妙，李醫師來了，說要催生，否則會難產。因羊水已從下午三時流到凌晨二時，尚未有生產的跡象。我痛得要命，幾乎要把我的腹部都要撕裂，結果終於在一九七五年二月二十一日凌晨二點三十五分生下來連六磅都不到的兒子王思予，先放在保溫箱裡觀察幾天。

那天的半夜，王默人在產房裡，目睹了我整個的生產過程。他是經過李醫師事先同意的，眞是驚天動地，觸目驚心地。他從來沒有看過女人生產。自從觀看後，他才瞭解爲什麼產婦會因難產而死，雖然孩子存活了下來，但卻失去了母親。

他曾經告訴過我，他一位好友的太太就

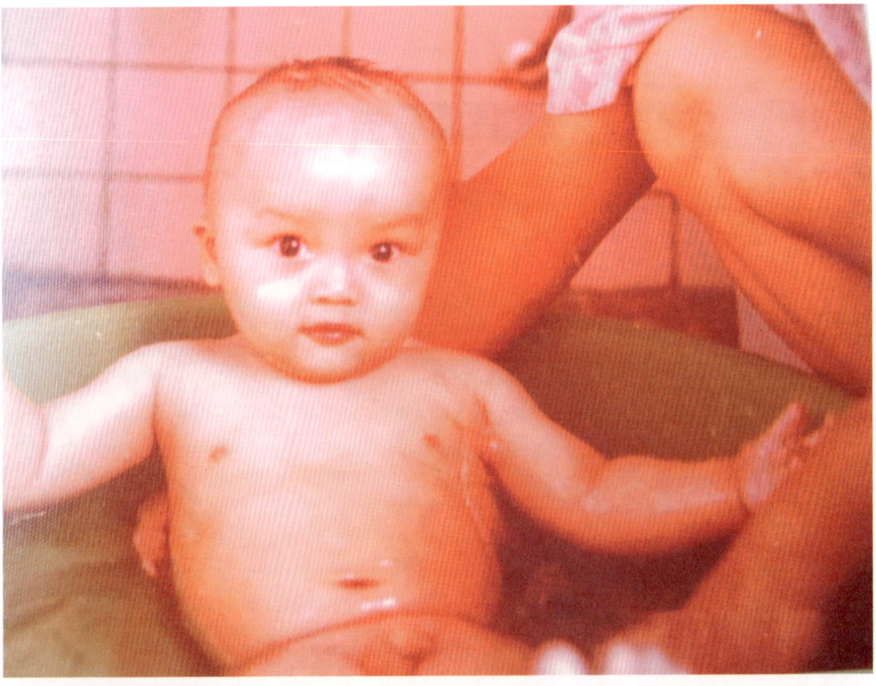

王默人給幾個月大的兒子小予洗澡。

周安儀父親周謹庸吃小予滿月酒時拍攝。

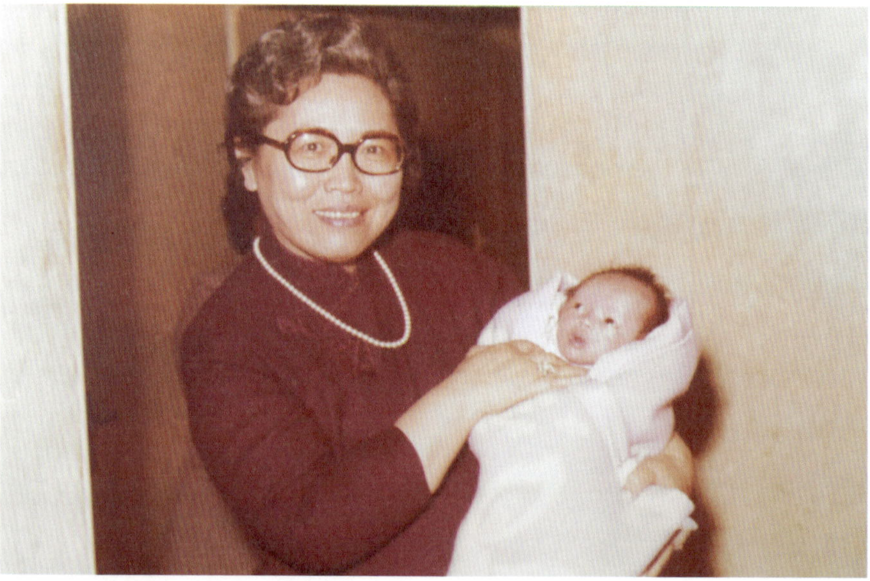
周安儀母親周費瑛吃小予滿月酒時拍攝。

因難產而死，他的朋友痛不欲生，視他的孩兒是一個殺死母親的兇手。

在那時候，他白天要跑新聞，晚上又要照顧我，常感到力不從心，走起路來，兩隻腳飄飄然地不能著地，可見他有多辛苦，但他卻毫無怨言地給唯一的兒子王思予（名字是他取的，是要他以後能思考，檢討自己）洗澡，因他出生不足月，軟綿綿的身子，連頭都豎立不起來，嚇得我都不敢給小予洗澡，他卻擔當起洗澡的重任，替我半夜起床餵牛奶給孩子吃，並幫忙做些家事，十足是個奶爸。母親知道她有了外孫後，也常來六張犁的家中探望我，給我送些進補的湯藥，如豬肝、雞湯之類的，當時我身體非常虛弱，在坐月子中沒有保養好身子，洗冷水澡，又愛開窗，咳嗽了三個月，都不見好，也種下我日後身體一受風寒就容易感冒的毛病。

四十一歲的王默人老來得子，高興得為我分憂，並分擔一些家務，從無怨言，孩子滿月時擺了一桌滿月酒席，還請頂頭上司吳博全夫婦和我父母一同慶祝。

第九節　兒子得了腦水腫到處求醫

僅二千七百克的小予，生下來就體弱多病，再加上我從小就不能提重物，更因為兩人工作太忙，只好把僅有一個月大的兒子起早帶晚地送到附近鄰居家去托管。那位高大較富態的鄰居太太，常喜歡打麻將，當麻將搭子湊齊後，不管在自己家或者在朋友家，就把小予綁在小床上，打麻將去了。

過了幾個月，我們發覺小予眼睛有點斜視，就起了疑心。果然有一天，我接小予時去了早一點，卻見那位鄰居太太十四歲的女兒慌慌張張地跑進了臥室，我緊跟其後才發覺幾乎每天都把小予捆綁在床上，這時才曉得鄰居太太外出打麻將時，會將小予交給她女兒照管，她也如法炮製，才會如此緊張。幸好發現的不太遲，一氣之下，只好將小予送去鄰近的幼稚園，等傍晚時分才接他回家。有時要加班或有特別的應酬，我就會付額外的加班費。小時小予長得清秀可愛，很像他小的時候，對他疼愛有加。

原本在一九七四年時，我們就想買福德街新蓋好的幾排公寓，但是因爲父母在離公館不遠處的一棟投資房恰好房客搬家，疼愛我的父親想照原價賣給我們，那時台北樓市市道興旺，每年公寓價格都直線上升，我聽了很高興，當即付了五萬元的現金，結果母親反悔。因我回家拿公寓的鑰匙時，較勢利眼，精明能幹的母親想要加價，我一氣之下，當場要母親退回我的訂金。回家後被王默人臭罵了一頓，他氣憤的對我說：「要不是你母親要將她的房子賣給我們，我才不會退掉福德街的公寓。現在倒好，房子在漲風中，買不起曾經看中那戶的十六坪的公寓，現也只好買六張犁較便宜的那棟公寓。」

他一再地埋怨我：「周安儀，你就是太天眞，太不懂人性了，所以才會相信你的父母，老是吃你父母的虧。」

我個人是這樣想的：「你當年不是喜歡我的天眞爛漫，沒有心機，不做作，不掩飾自己，溫柔體貼的周安儀嗎！」但我始終沒有說出口來，只好把它悶在肚子裡，沒有和他頂嘴或吵架，自認理虧倒楣。

把六張犁擠得不能容身的小房賣掉後，一九七六年一月十六日，我們終於搬進了我們的新家，也就是在台北最後的一個住所——福德街二百二十一巷二弄十號四樓的新居，正式安定下來。

王思予騎腳踏車的照片。

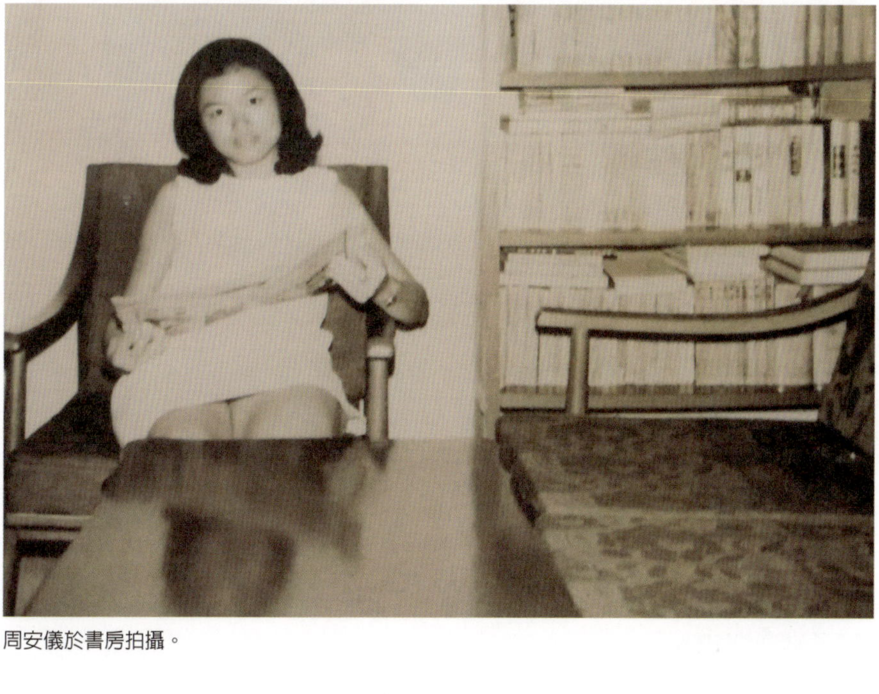

周安儀於書房拍攝。

那是一個新社區的四樓公寓，有二十一坪左右，前面有個小小的陽台，小予常在陽台上騎他的小腳踏車，一進門是客廳，後面是通風的小廚房，兩邊是兩間臥室，中間是洗手間連浴室。在廚房後、小予房間的前面，他又請建築商加蓋了一間書房，方便我和他寫作，書架上擺滿了他小說和文友送他的著作，以及他買來的翻譯的世界名著等，還有一個小書桌擺放了一架墨綠色的電話。

小予仍然上的是附近的松美幼稚園，我們倆仍然照常工作，過了一年我就離開了台灣通用器材公司，由於在報章雜誌上發表一連串的報導專欄，受到中廣公司總經理黎世芬老師的賞識。一九七七年四月，加盟了中國廣播公司作海外部記者，過起了早上九時至下午三時的採訪工作。而王默人一九七七年九月也進入了《中國時報》作記者。

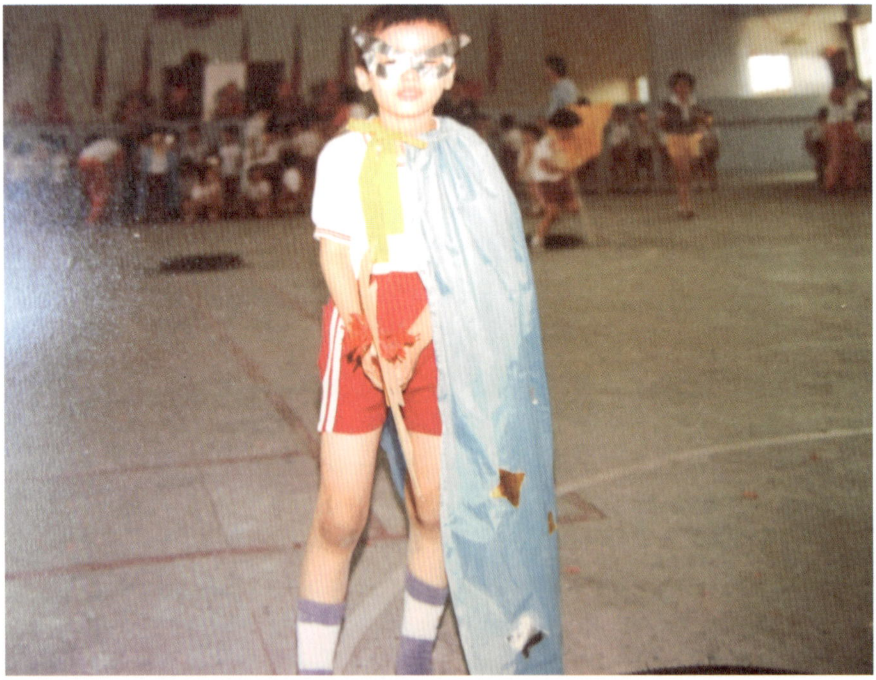

王思予在松美幼稚園表演。

大概在小予兩、三歲時，有一天小予發燒，我抱著小予去新生南路的兒童醫院掛號看病，兒童醫院用的是抗生素，所以退燒較快，那天我還碰到政大同學梁嘉木也抱了她的兒子來看病，眞是不期而遇。事有湊巧，在外面擠滿了家長和孩童們的候診室等待時，有人對我說：「你兒子頭腦特別大，可不是一件好事，也許是患了腦水腫！」我吃了一驚，由於眾說紛紜的結果，連王默人也有些擔憂，他就自己抱了小予去台大醫院附屬的小兒科就診，這次是他親自抱去的，他心急如焚：「要是腦水腫該如何是好？」

後來在國防醫學院，有一位剛從美國回來的年輕醫師，照了X光片後，對他說：「你兒子是有這種跡象，現頭腦已經封閉了，你可以放心回家。」這時他才高興地把兒子抱回家。

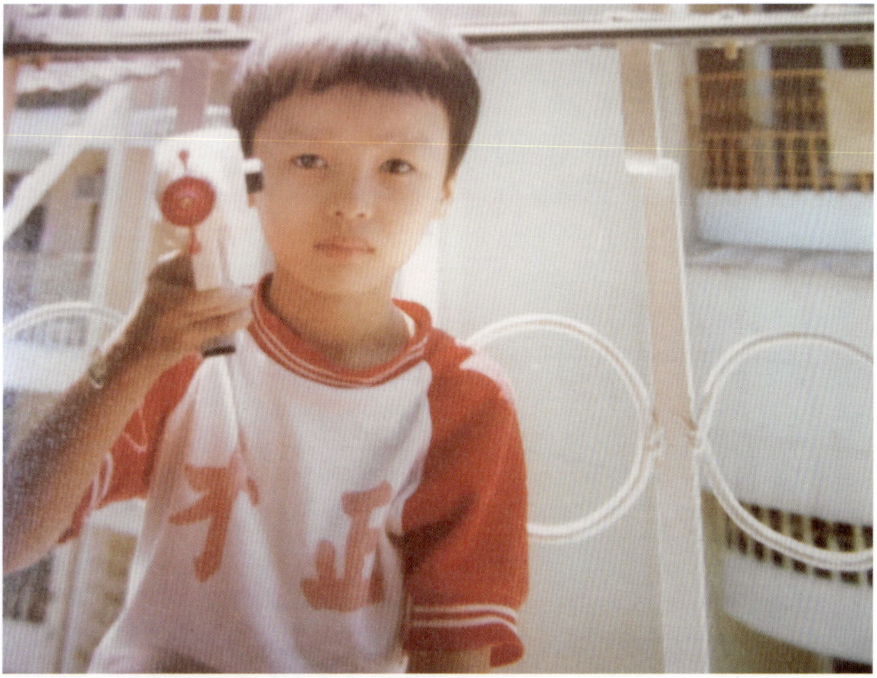

王思予在松山自宅陽台前玩耍。

因爲當時，不管是台灣大學或是榮民總醫院的醫師都說過：「如果是腦水腫的話，一定要開刀。」我們都不敢簽字，因萬一開不好，把腦子開壞了，那該怎麼辦？眞是憂心忡忡的，不知如何是好。

就在這個當兒，國防醫學院那位年輕的醫師的一席話，讓我們擔心幾個月的心事終於如釋重擔地放了下來，雖是虛驚一場，但至今想起來心仍有餘悸。因爲他後來又補充：「就是現在頭腦閉合了，將來學習能力也會比一般同齡的孩子要緩慢。」

小時候，幼稚園的老師常抱怨小予把吃剩的牛奶瓶塞在教室裡小抽屜裡。我們也認爲他的舉止有點怪異或不正常，也許是他頭腦尚未癒合的關係，對他的所作所爲較爲留意，生怕他會與一般年齡的孩子不同。

操心歸操心。而王默人爲訓練他養成獨立自主的習慣，從三歲就要他睡在隔壁他自己房間那張小木床上，日後也養成他堅強進取的積極態度。

第十節　婚後王默人工作並不順遂

長久以來，王默人的工作只是他用來養家餬口的工具，而文學創作才是他人生的目標和理想。他是一個擇善固執的人，講起話來永遠是信守承諾，說一不二。不管在新聞界或文化界，他都讓人看不順眼，認爲他高傲冷僻，獨樹一格，而且他寫的新聞或評論，多數爲採訪對象或不公不義的人群發聲，刀筆一揮，常會得罪報社的上級主管，對他的不順從耿耿於懷，眞是應證了「欲加之罪，何患無辭」。

他寫的煤礦爆炸事件新聞或特稿或工廠污染事件，還是刊登出來的各行各業的專欄，大部分都踩了政府的底線，尤其是他對文學的理想和作爲，更受到了當局的打壓，把他踩在腳底下，永不翻身。他曾告訴過我前《中央日報》副刊主編孫如陵和聯合報前副刊主編林海音從未刊登過他的一篇小說，而且稿件也不退還，認爲他是個相當危險份子的作家或投稿者。

以前在中華日報工作期間，他也因爲沒有加入國民黨，而受到一連串的不公平待遇，甚至差點要解聘他，他只好爲了生計勉強加入了國民黨。

一九七七年九月他出任中國時報撰述委員，後來又受到當時年輕有爲的採訪主任周天瑞（他曾來美探訪過我們）的賞識，副刊主編高信疆也常刊登他的小說。他後來並擔任採訪小組召集人，他每天騎著一輛小摩托車到萬華中國時報社上班，毫無怨言。採訪組有好多新進同仁如王杏慶、林聖芬多和他私交很好。未料到一九八一年發行人余紀忠的大女兒擔任採訪主任後，百般打壓他，先把他從撰述委員拉下到採訪組做採訪社會新聞的記者，明升暗降，他都忍了下來，更離譜的是要他把國民黨黨籍遷回報社。其實他在離開中華日報時早已退黨。

那時《中國時報》和《聯合報》是兩家立場比較開放的民營報紙，而非黨報。他一聽說此事，就火冒三丈，一氣之下當天就寫了辭呈回家，而且把他騎的那輛機車也賣掉了，以示決心。

其實自婚後，我就知道他的個性和爲人，他絕不會降低自己的尊嚴和人格來委曲求全的，就像當年的陶淵明不爲五斗米折腰一樣。

他是一位精明而有膽識的人，大丈夫「有所爲而有所不爲。」他也知道自己的脾氣，所以隨時就會準備一份公文夾或牛皮紙袋，預備被人炒魷魚時就回家另謀高就。這也是我欣賞他和支持他的地方。

他不僅在《中國時報》，在其他報社亦復如此，就連後來在美國的《中報》、《國際日報》，連最後任職的海華電視亦是如此，都是拂袖而去的。

每次，他都沒有同我商量過，也沒有時間，一聲不響地拎著一個擺放他私人文件的資料袋和自己的小茶杯回家。後來我在美房地產公司二十一世紀公司工作時，也如出一轍。由於沒有晉升我這名作得火

周安儀於廿一世紀地產經紀公司任職，手拿公司頒發獎牌。

紅的華裔女經紀作經理，而晉升能力一般的美國白人同事，我也是一氣之下離開公司，連牆上掛著的獎牌都忘了拿，甚至連我的一筆交易尚未成交前就離職，結果損失了那筆交易原本該拿的七成中百分之五的佣金，損失了千餘元之多，也是學他的。頭可斷，血可流，卻不可被人欺侮，喪失自己的尊嚴和人格，不能像魯迅小說裡的「阿Q」一樣。

因爲我深深地瞭解他的個性，我也從來沒有爲這些事情同他爭吵過。他雖讓我沒有安全感，但我心裡卻很清楚，也瞭解和同情他，他是非到最後關頭，不得已時絕不會輕易這樣做的。

他一九八一年四月離開中國時報，在家賦閒了整整三個月後，七月份又再度得到聯合報社長劉昌平的賞識，並透過發行人王惕吾的關照，在聯合報作記者，結果也不得意，竟然在工作晚期把他調到地方新聞組，看閱地方記者的稿件，也相當於明升暗降。直到一九八四年十二月底離職爲止，連年終獎金、退休金都未拿到，就自我流放遠走他鄉。

第十一節　爲什麼我們會到美國發展

其實我個人認爲王默人早有出逃美國的想法。

因他的新聞工作和他對文學的理想，處處受到工作單位的壓制和排擠，更受到國民黨當局的打壓。這時我倆已到中年，只能慢慢籌劃下一步該如何走。在一九八三年我們被報紙上刊登的一則小廣告所吸引，這是萬仁偉登的廣告（他已定居加州，後來才知道他也是我倆在《中華日報》同事蔣得禮的親戚），在廣告上聲明能代爲在美國報章雜誌尋找工作，在申請綠卡後就能在美國工作。和他取得聯繫後，我們就付了五千元美元作訂金，請他幫我倆利用這條捷徑赴美就業。

那時，我和父母親的關係也是剪不斷，理還亂。因自我倆婚後，爲了一點小事，常和父母有爭執，時好時壞。但也是斷斷續續，糾纏不清的。因爲母親總認爲在這場婚姻上她是個輸家，我是贏家。也就在這一年，母親周費瑛請了一位說客——楊康樂，他是我小時候玩伴大咪咪楊麗順的弟弟，也是母親要好同學田阿姨的兒子。他剛從夏威夷回來探親，看望已離婚又再婚的父親，他帶了七歲的女兒來我們福德街的家中探訪我們，在他一再勸說下，心軟的我又同父母和好如初。同時母親又要早已定居美國的大弟

楊康樂和女兒的照片。

安儉爲我們全家申請移民，因兄弟姊妹申請移民須費時十年，但還是有機會出國，我們聽了也認爲這也是一條路，心裡又充滿了希望。

哪知，事有湊巧，一九八三年的夏天，我和中廣公司同仁南下旅遊時，行經嘉義吳鳳廟時，海外部客家語組的謝小斌硬要拉我去廟裡走走，結果在廟裡上香抽籤時卻抽中一支籤，說我在不久的將來有遠行。我和王默人從無宗教信仰，都是個無神論者，所以也沒有把這件事情當作一回事，但等到母親要我在一九八四年八月份赴美探親時，我都覺得不可思議，眞是應驗了籤中所言要遠行了，因那時母親和兩個弟弟安儉和安寶已在美國結婚、工作和定居，同時雙雙還買了房，分別住在加州聖荷西市（San Jose）和佛利蒙市（Fremont），僅有父親和小弟安

周安儀母子在吳鳳廟前與中廣同事謝小斌和其女兒合影。

樸爲處理金山大廈房屋仍留在台北，不久也會飛往美國，因他們均有綠卡，安倹並且是公民，在美桑尼維爾的洛克菲德飛機公司任電腦工程師。

爲了要赴美和母親團聚，我興高采烈地向中廣公司請假，並利用我一個月的休假期，特別選定在我生日當天八月九日帶兒子時年九歲的王思予去美國。

事情往往很不湊巧，因王默人要南下參加八月份舉行的「第六屆鹽分地帶文藝營」的活動，並現場講授「我的小說創作經驗談」，所以爲我送行的僅有我父親周謹庸和中廣公司同事謝小斌和古亞蘭等人。他並未爲我送行，只囑咐要我帶我們的積蓄五萬美元，先行去探路，最好能把兒子小予托付給大舅安倹撫養，因怕他回來要當兵（當時政府規定十四歲以上青少年不准出國）。

我提了一大一小的行李箱，帶著王思予坐華航直飛舊金山。我們當天中午抵達（八月九日）舊金山國際機場時，卻不見兩個弟弟前來接機，無奈之下，只好在機場換了幾個銅板打電話給他們，卻都無人接聽。在機場，我突然靈機一動，要求服務台人員爲我廣播。爲什麼會如此做，因爲身上帶了一張五萬美元的銀票，那可是當時我們所有的家當，再加上一個五十磅重的大行李箱和一個小行李箱，又帶了許多送給親戚們的禮物，手裡還牽著九歲調皮搗蛋的王思予，怕他走失了。沒料到廣播了許久，也不見母親和弟弟們的蹤跡，這時同機的一位華裔男性說要送我回聖荷西的大弟家，但我因人生地不熟，怕他會拐騙我就搖搖頭謝過他，還是守在原地傻傻地苦等。

等了兩個多小時，終於看到了母親和大弟。我一見到他們就埋怨道：「爲什麼遲到這麼久？」結果母親解釋說，由於大弟工作耽誤了。當天傍晚回到家中後，由於是我生日，母親送了一條在舊金山華埠買的綠玉葫蘆項鍊給我做禮物。在家草草吃過了弟妹朱瑞美做的飯菜，送給大家帶來的禮物後，我們就住在大弟家，從此開始了隨母親兩頭奔跑的日出而作，日落而歸的生活。他們帶了我們去遊覽地標金門公園、金門大橋，甚至還去了聖塔庫茲（Santa Cruz）遊樂場和裸體海灘遊玩。母親把我和小予當作拖油瓶似的，在佛利蒙市么弟家和大弟家兩頭住。

在此期間，我積極地想找工作，並由大弟安儉開車找到了我政大同學鄧昌智，他是當地中視駐舊金山的記者，所謂的地頭蛇。在他位在牛宮附近的家裡，他給了我一份舊金山報業和電視台廣播負責人的名單。可是他卻澆了我一盤冷水，因當時我拿得是旅遊簽證，沒有身份，就沒有一家報紙或電視台會錄用我。

王默人與周安儀攝於金門橋下砲台前。

1986年周安儀拜訪在爾灣的同窗好友陳惠美、黃幹雄夫婦一家，和王默人與之合影。

在這一個月內，我隨母親、大弟和弟媳一同去洛杉磯遊玩，去了幾個遠近聞名景點如狄斯納樂園、環球影城等知名勝地，又去了大學同學陳惠美在爾灣市的家中遊玩，並且去了加州Upland市萬仁偉家（有泳池的據當時市價值五十萬美元），只討回了預付的四千五百美元。他告訴我說，要扣除五百元的律師費用，我和王默人也接受了，因耗時一年多都沒有辦成移民。

三十天假期很快就過去了，但事情卻有了意想不到的轉機。在回台前的兩天，我無意中翻閱報紙，看到一則分類廣告，有一間報社招會說寫雙語的記者，我就請大弟開車，並有母親陪同送我去舊金山華埠肯尼街（602 Kearny St）應徵那個記者職位，未料到中報西岸總經理傅笑齡（Tina Fu）當場就錄取了我，我連夜就退了華航機票，並且即刻翻報紙找到了一間位在十九街夾猶大街（Judah St.）房東宋太太招租的單人房，月租三百五十元，從此就開始了我的定居在美國的新生活，再也沒有回過台灣。

第十二節　爲拿綠卡忍辱負重

由於已經找到工作，就打電話給王默人，要他去中廣爲我申請留職停薪，因爲《中報》傅小姐只答應給我三個月的試用期，每月薪水八百元，外加車費一百元，還不能確定三個月後是否會正式聘用我，爲了安全起見，只好走一步算一步。

當時華埠是一個非常複雜的政治圈，我也不想捲入這場左右鮮明對立的政治圈，所以經得傅小姐的同意，開始以「周純之」的筆名跑新聞。其實爲什麼我會選擇中報也是有原因的。因以前在台灣政治圈就很複雜，不再願意淌這趟混水，也就不想加盟王惕吾開辦的《世界日報》和《中國時報》余紀忠在美創辦的中時周刊，而星島日報是香港女老闆胡仙辦的，聽傳聞說她比較喜歡男記者，而不太想用女記者，加上我又不會講廣東話（自今來美三十九年，也是只會聽而已，因廣東話有八個音，我曾學過，但學不來）如今我同廣東人溝通，大半說的是英語。

在《中報》，一個人要頂三個人用，白天要採訪新聞，常帶著一個黑色的呼叫器（Beeper）背著我那台舊的王默人買給我的照相機到處跑，晚上回報社後又要做些許翻譯的工作，我甚至要傳眞稿件給洛杉磯的總社。每天忙得不可開交，幸好編採、攝影、翻譯都難不到我，沒有時間照顧兒子小予，有時太忙，只好托房東宋太太（她先生是香港邵氏製片公司的攝影師）付錢托管。他們的房子是一棟三層獨立的莊園，他們把睡房甚至客廳、餐廳都分租給不同族裔的住客，還有私家車的雙車房可停放兩部車，後又在花園內設置了一個黃大仙的佛堂，環境比較複雜。我和其他住客合用廚房、浴室和洗手間。那就是現在所謂的「散房」。

我的房間算是較好的一間，除了有個大衣櫥外，另有一座小的洗臉盆，可作盥洗之用，也有幾個電插頭，可在房間內用小電爐燒開水，沖一碗生力麵（即食麵）充飢。

我把王思予送去一家離十九街較遠的小學就讀，因爲日落區附近小學名額已滿，那所小學是位在中間區，魚龍混雜，各色人種都有的小學，尤其非裔學生較多，但幸好有免費巴士（校車）接送，學校並提供免費的午餐。薪水雖僅九百元，我除了交租、吃飯和交通費等也所剩無幾，但靠著結婚十三年的積蓄五萬美元，存了一年定期，那時利率是十厘以上，所以也有五百元的利息錢，足夠母子兩人生活的開支。

在一九八四年，我採訪最轟動一時的江南案，《中報》舊金山分社負責人傅小姐親自開車陪同我和另一名男記者陳驥遠（Walter Chen）去江南位在帝利市的住家採訪。我們兩人都背著自己的相機，等抵達他家後，才知道江南家是一條死巷，難怪他打開車房門，被人槍擊後無路逃生。當時較我年輕十歲的陳驥遠（他喊我周兄）當他拍照時，看到一團黑影急忙喊道：「有鬼！」但我拍照時卻無鬼影，我不害怕。我記得江南太太嘴角有一顆笑痣，說起話來嘴角往上揚，笑咪咪地，我卻不以爲然，我認爲她剛死了老公怎麼還笑得出來，對她產生一絲反感。

江南（本名劉宜良）曾經寫過蔣經國傳，得罪了國民黨當局，遭到竹聯幫老大陳啓禮的追殺，新聞吵得火熱，而江南未亡人後來也因此案控訴台灣國民黨，官司勝訴後拿到了數百萬美金的賠償，沒過幾年，她後來改嫁了報業界名人陸鏗。

那年的中秋節是我跟小予度過的一個最淒慘的中秋節。

我記得那天，我寫完稿後，坐公車回到宋太太家，已是晚上八時。平常我和小予常用小鍋在自己房間裡煮生力麵吃。這天報社發了兩盒月餅，我實在是太累了，和小予各吃兩個月餅就倒頭大睡。平常在台灣中秋節，我常和王默人帶著小予去郊外賞月，除了吃月餅、文旦等應景食品外，還有豐盛的菜餚。在野外，我們會鋪了一張塑膠桌布，大家席地而坐，吃帶來的滷菜，有燒雞、翅膀、豬腿肉之類的，還有月餅和文旦。一邊賞月，一面聊家常。雖大家擠在一起湊個熱鬧，但也蠻有一番情趣的。

一般人說美國的月亮又圓又大，我可不認爲。第一個中秋節的晚上，我和小予只有月餅充飢，冷冷清清的，也沒有燒開水，太累了，就倒在同事送給我的一個雙人床墊上睡著了，沒有王默人陪伴的那段日子，我覺得自己孤單而無助。尤其是小予，他不會說英文，常用那雙瘦弱小手拉著我的裙子，抬著頭看著我：「媽媽，他們講的話，我怎麼一句也聽不懂？」他愈拉我的裙子，我分心了，也就沒有聽清楚那些白人老美對我說的話。因爲他們說話速度飛快，等我想聽清楚時，再加上小予左一打攪，右一個打岔，我就更聽不清楚，也不知他們講些什麼。

也許是宋太太租房生意興隆，她又在後花園設置了一個香火裊繞的佛堂斂財，連我的同事陳驥遠也聞風而來宋家的佛堂拜佛，一拜就是五十美元，眞是出手闊綽。

宋太太後來就要求我搬到附近，隔了兩幢房的一間較新的公寓去住，那一間僅兩層非獨幢房，但也是宋太太名下的產業，同樣的租金三百五十元，也是與其他住客共用廚浴和洗手間。

我記得有一天晚上從報社回十九街的家，去共用浴室洗澡，正泡在浴缸裡，突然門被打開了，一位長得高大年老的白人拿著浴巾闖進來了。我記得是鎖了門的，不知他是否是用鑰匙開門進來的，他看到我，馬上要跳進浴缸裡和我一起洗澡，我嚇了一跳，大叫起來，他趕緊落荒而逃。當晚我立刻打電話給遠在聖荷西家的母親，她要我連夜搬家。還是第二天我的陳兄弟（陳驥遠）用他的私家車，車頂上載著我的床墊和我的一些細軟和衣物搬到了瓦倫西亞街（Valencia）夾十六街一幢和人合租的公寓。那是一位我在採訪時認識在舊金山州大中文系唸書的謝莎莉（Sally Sherriff）白人白金的女性朋友（後遠嫁日本）和附近開雜貨店陳太太一家同住，因陳太太雜貨店生意繁忙時常要我去她的店裡作收銀員，給我三塊五毛的時薪，在白天必須不與我的採訪工作衝突下才去幫忙。而有這份外快工，我也很高興。

在這段期間，王默人和我魚雁往返，我寫給他的書信多半是向他訴苦，他在寫給我的郵簡中一再叮囑要我堅強獨立，同時要我嚴格管束小予，並要我的母親對自己不要太吝嗇、太苛薄了，要吃好穿好的。當時我覺得他把我父母親當作自己的父母親看待很是欣慰。

我在採訪組與同事們都相處得很好，晚上編譯王鵬（Michael Wong）（他是史丹福大學畢業）中英文底子好，又會說一口流利的廣東話，白天和廣告組的龔浩海（上海人）和辦業務長得高大甜美的蕭慧儀，以及打字小姐趙容芳，同在一起上班。因《中報》分社，工作人員不多，而在肯尼街的辦事處只有他們幾個經常來，其他都是特約人員，有些工商組人員只有拉到廣告或美工人員有事才上班。

後來《中報》又聘請了兩位廣東人，一位是矮小的陳熯傑（Ben Chan），他是攝影記者（來自香港）和另一位長得較爲英俊，年輕的孫志雄（Baron Sun），他是工商記者，專門負責拉廣告。這時分社負責人傅笑齡爲我和陳熯傑兩人申請了工作許可證和第三優先，因那時風聲很緊，聽說移民局以前曾突襲過報社，可能是有熟人密告的結果，還抓走了幾個人，所以傅小姐看我倆很努力工作，就想把我倆留下來納爲正式人員。

離開《中報》十幾年後，聽聞傅小姐隱居，千辛萬苦的和一位住在我家附近的同事楚燕聯繫後，我們邀請她和楚燕一起在日落區艾榮街（Irving）的一家中式素菜餐館吃飯（由於傅小姐受她的母親拜佛吃素的影響）。大家高興地聚在一起，因我和王默人都是知恩圖報的人。

在一九八五年一月初，王默人來美和我團聚後，我就舉薦他到《中報》工作，傅小姐要他處理一

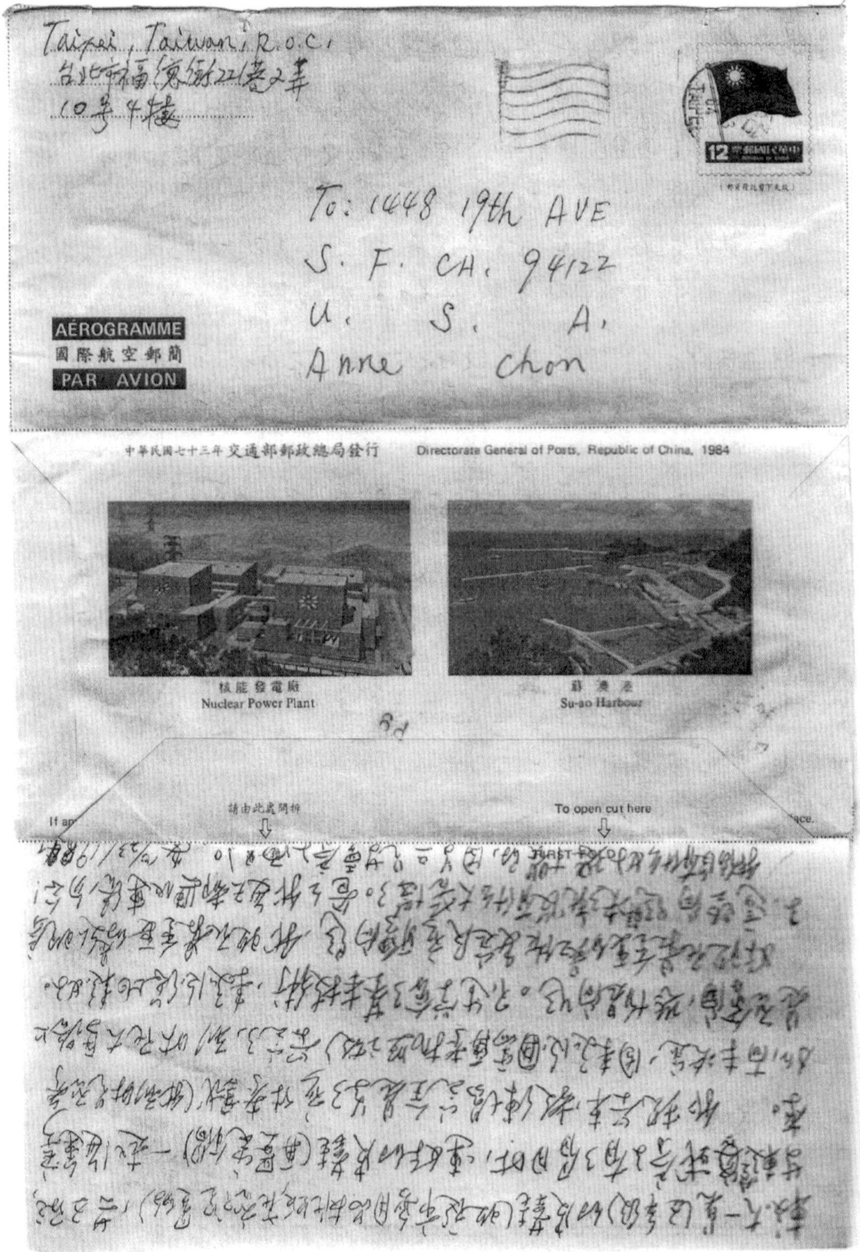
Taipei, Taiwan, R.O.C.
台北市福德街22巷2弄
10号4樓
To: 1448 19th AVE
S. F. CA. 94122
U. S. A.
Anne Chou
AÉROGRAMME
國際航空郵簡
PAR AVION
中華民國七十三年 交通部郵政總局發行
Directorate General of Posts, Republic of China, 1984
核能發電廠
Nuclear Power Plant
蘇澳港
Su-ao Harbour
請由此處開拆
To open cut here

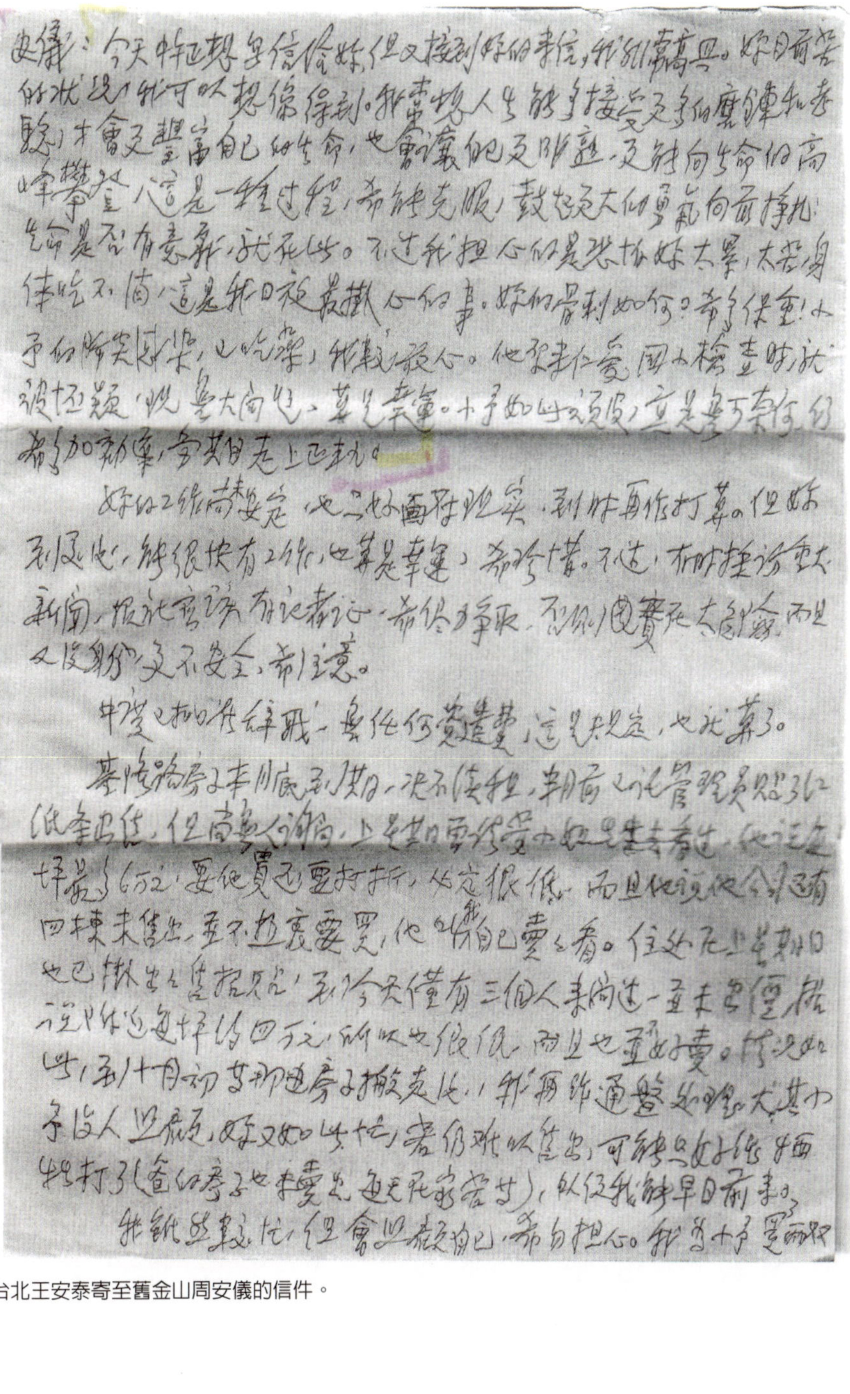
安儀：今天中午正想寫信給妳，但又接到妳的來信，我很高興。妳目前[illegible]
的狀況，我可以想像得到。我常想人生能多接受一些磨鍊和考
驗，才會更豐富自己的生命，也會讓自己更堅強，更能向生命的高
峰攀登。這是一種過程，希能克服，鼓起更大的勇氣向前掙扎，
生命是否有意義，就在此。不過我擔心的是恐怕妳太累，太苦，身
體吃不消，這是我日夜最掛心的事。妳的骨刺如何？希多保重。小
弟的肝炎傳染，已吃藥，我較放心。他在美國做檢查時就
發現問題，說是大問題，算是幸運。十多[illegible]，[illegible]
希多加勤練，會期自走上正軌。

妳的工作尚要定，也只好面對現實，到時再作打算。但妳
到底仍能很快有工作，也算是幸運，希珍惜。不過，有時接觸要太
新聞，報社[illegible]記者[illegible]，希你多爭取，忍耐，但實在太危險，而且
又沒身份，更不安全，希注意。

中學已打電話辭職，要他們發遣費，這是規定，也就算了。

基隆路房子本月底到期，決不續租，[illegible]管理員[illegible]
[illegible]，但尚無人詢問，[illegible]
坪是[illegible]，要他買還要打折，[illegible]很低，而且他說他今年還有
四棟未售出，並不想要買，他說[illegible]自己要去看。[illegible]
也已搬出去，[illegible]僅有三個人來問過，並未出價。據
說附近每坪約四萬元，所以也很低，而且也並不好賣。情況如
此，到十月初要把這房子搬走了，我[illegible]
[illegible]人[illegible]，妳又如此忙，[illegible]，可能只好[illegible]
[illegible]（[illegible]），以便我能早日前來。
我雖然較忙，但會照顧自己，希勿擔心。我[illegible]十[illegible]

台北王安泰寄至舊金山周安儀的信件。

些她不願做的閒雜事務，應聘他爲經理，在士德頓街（Stockton）中報業務部上班，距肯尼街分社只有三、四個街口，不過要爬高高低低的斜坡，他也習以爲常。這是我第三度和他同事。

未料過不了幾個月，傅小姐的一位男同學馬先生（Eric）到報社應徵，當下她就把這個職位交給了長得風流倜儻的馬先生。據風聞他們倆私交很好，一度傳說她想嫁給他。但是事隔多年，在一次偶遇下，我遇到了久未謀面的馬先生，卻見他身旁有一位高瘦苗條懷有幾個月身孕的女人，才知傅小姐仍是單身。

王默人被貶爲副理後，我忍著心中的不快安慰他，要他忍耐一段時日，並要他騎著馬找馬，因這時我們已買了日落區三十四街的房，手頭有點拮据。

又過不了多久，我的老搭檔陳驥遠就歇手不幹了，因洛杉磯總社派矮小精幹的林超（Hero Lin）來做採訪主任，他喜歡指揮轄下的記者們，其實一共也只有三個記者，從台灣來有一頭捲髮的年輕氣盛的陳驥遠不喜歡他指揮東、指揮西的，在不滿之下就辭職不幹，結果把我一個人當兩個人用，我都咬牙忍了下來。但傅小姐在採訪組尚無人可用的情形下，卻把我調到工商組做工商記者，要我帶領新進的孫志雄去採訪工商新聞。這時採訪組只剩下陳煐傑，從攝影記者改作採訪記者。據報社的人員傳聞，這是因爲她中年未婚，脾氣有點古怪，反覆無常的緣故。才會做出許多怪異的調動。

王默人看在傅小姐爲我申請第三優先移民的份上，要我忍辱負重委屈求全，一定要拿到綠卡才能離職。因我不願屈身低就，何況我從未作過工商記者，也不會拉廣告，結果拉回的廣告，由於廠商拖欠未付，也沒有收到分紅和佣金。其實那時我早已拿到工卡，而他也有工卡，是不能工作的那種工卡，所以不管傅小姐把我調往何處，我一定要堅持下來，拿到綠卡再說。

也是台灣來的律師周京（Eugen Chou），在市中心加盟白人移民律師事務所。他是在一九八五年二月七日爲我申請工作簽證（H-1），直到一九八六年五月九日經移民局批准，才拿到了綠卡。所以在一九八六年六月三十日我就辭職，離開了《中報》，七月一日跳槽到《國際日報》作記者。

當時離職時薪水是一千美金，外加一百元汽油費，共計一千一百美元，尚要扣稅，僅爲當時舊金山紀事報記者的薪水約三分之一，同時跑新聞時也沒有像舊金山紀事報記者那樣地受重視，而且紀事報對社會有較大的影響力和公信力。

在中報一年九個月期間，我曾負責「人物介紹」和「市場漫步」、「長鏡頭」、「電影介紹」等專欄，其中印象最深刻的是訪問主演「星星、月亮、太陽」香港知名男影星張揚，他從二十一歲從影，一九七五年來美，現任加省實業公司總經理，他已不復當年英俊瀟灑的容貌。另外我還採訪過四十年代大陸女歌星吳鶯音，另外尚有女作家謝冰瑩、京劇名伶沈灕和夫婿梁訓益、中國大陸女演員陳沖和第一屆中國小姐林靜宜（在密爾布瑞市開冰淇淋店）、西藏密宗黑教傳人林雲、舊金山州立大學校長吳家瑋、華人市參事謝國翔、德拉瓦州副州長吳仙標和柏克萊加大校長田長霖，以及大陸作家馮牧，在舊金山州大專訪大陸作家張賢亮、馮驥才等談傷痕文學，這些專欄王默人都爲我剪貼保留了下來。

同時在《中報》因訪問，我還結識了一位白人青年白金，他會說流利國語，他是一位非常喜愛中國文學的年輕人，因他崇拜中國作家巴金，所以取了一個相似的中文名字。由於他喜愛寫作，曾翻譯自己早期的英文作品爲中文。他十四歲隨父母來台，居住在台北陽明山，就讀美國學校，種下了對學習中國

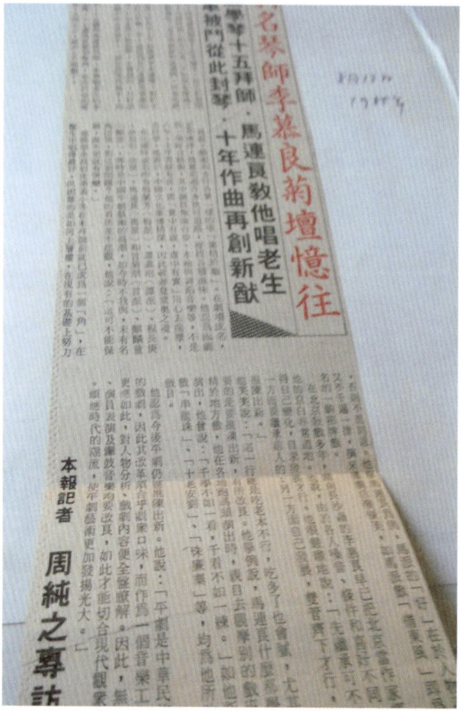

周安儀於舊金山《中報》，以「周純之」之名刊登之報導。

文化的興趣。二十四歲又提著簡單的行囊來到台北學習中文，並在師大語文中心學國語，後又進《國語日報》語文中心學了一年多。而他的一位女性朋友謝莎莉，也受父親的影響（父親已從舊金山聯邦調查局退休），他有很多中國朋友。她在兩年前到台灣學中文，先進師範大學語文中心學了半年，後在舊金山州立大學主修中文，她會看和會寫，也喜愛讀中國作家的小說，更喜歡吃中國菜。

白金和謝莎莉成了我們的朋友，曾到訪我們新買的三十四街的新房，一進門就直言不諱說：「怎麼你們家連一張沙發和家具都沒有？」由於那時我們環境很不好，所以大家只好席地而坐，但他與王默人相談甚歡，氣味相投，對他的作品也極爲喜愛。

沒想到我到了國際日報，王默人卻早我一步辭去了《國際日報》採訪主任一職。因爲先前由於大家都同在新聞圈採訪的關係，常會碰到。經過一段時日，賦閒在家的王默人，也許是經過國際日報記者陳立人的介紹，或是受到此地負責人李

周安儀與1985年在《中報》認識的白人採訪對象白金和三藩市州大中女學生謝莎莉成了好朋友，對方會說國語、寫中國字，3月份在王家日落區住處與王默人全家合影。

苗麗的賞識，大約在一九八五年中旬，他先做記者，後升任採訪主任，和記者們相處也很和睦，他工作表現得有聲有色，而我們新買的日落區住家更成爲當時《國際日報》記者陳立人、李光明和小董（美工組）的聚會場所。

不知怎地，他可能是得罪了女中豪傑的李苗麗，在一九八六年中前就辭職不幹，又在家窩了幾個月才到海華上班。一九八六年七月至一九八八年九月，他在海華電視公司做總編輯，負責撰寫當天直播的新聞稿外，有時也出外採訪，甚至有時會主播新聞。他的國語說的字正腔圓，比我這個受過廣播訓練的還地道，我望塵莫及。

在《國際日報》李苗麗待人較爲尖銳、刻薄，長得矮小玲瓏頗有姿色，也許是她年輕就得到老闆的器重的緣故吧！也就是所謂的年輕得志。她對我和王默人也是如此，常不假以顏色，動輒就說重話。所以我僅做了幾個月，在十一月三十日主動離職不幹了，在家作起家庭主婦來。這次我是第四度和王默人同事，不過是前後期而已。

隔了二十年後，從國稅局寄來的一張安全福利金預估單

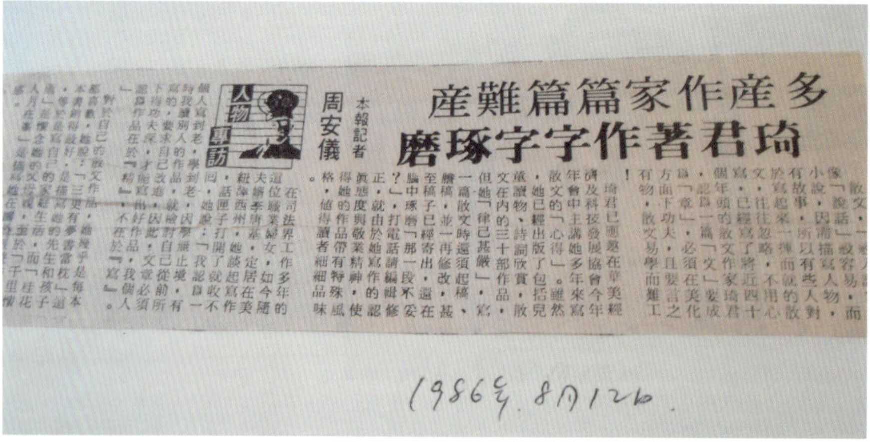

多產作家篇篇難產

琦君著作字字琢磨

本報記者 周安儀

人物專訪

周安儀在《國際日報》以本名周安儀刊登作家琦君之人物專訪。

中，曾經有一年將我的收入申報為「零」，我很詫異和驚訝，因為自從做了地產經紀後，我是屬於高收入的族群，所以我親自打電話去國稅局查問，事後國稅局的人員改正了那一年的錯誤，但卻給了我們一次複核的機會，這時出乎意外，才發現中報和海華電視公司給我們申報的是薪資，都繳稅了，而唯獨《國際日報》給我們填的是稿費，不能列入安全福利金的點數中，所以點數減少了。幸好後來我們是高收入，高稅收，否則眞是吃了大虧，不知如何申訴。眞不知哪有一家報社會將記者的收入列入按稿計酬，而不以薪資來計算，我可是從未有所聞，可惜發現得太晚了。從此我與她形同陌路，不再來往，但王默人卻要我「得饒人處且饒人」，但事隔今日，我還是想不開，也想不明白，怎麼會有如此對待員工的報社？至今我仍然在心中為此事耿耿於懷。

在《國際日報》我改回周安儀的本名擔任記者。我曾經採訪隨女兒在一九七六年移民來美的現代拓荒者詩人兼散文作家，現定居紐澤西州的紀弦和在史丹佛大學任教的作家莊因、香港武打影星成龍、李小龍弟弟李振輝（他當時和環球公司及加農集團合拍一部紀念李小龍的電影）、上海舞蹈家蔡福麗等社會賢達知名人士。王默人也為我保存了這些新聞稿，但他自己所寫的新聞專欄卻沒有剪貼留存下來，成了我的遺憾。

第十三節　新聞工作走投無路，只好另謀出路

此時我們倆人似乎已到山窮水盡的地步。

一方面華埠僑社分左右兩派，各自為政，為著自己的利益，結黨營私，並組成幫派，其中錯綜複雜的政治鬥爭，非局外人所能瞭解的，而且比台灣的黨派鬥爭更為激烈，這才是我和他要離開新聞界的主要原因。當時在華埠尚有極左派的《時代報》和右派的《世界日報》。

我個人一直深信「我的筆就是我的槍」。這也是政大新聞系的座右銘。既然沒有了「筆」的作用，我還硬留在新聞界幹什麼呢？不僅薪水微薄，也比不上當時兩家報紙舊金山紀事報和觀察報那麼地有影響力。在採訪新聞時因雨季多、路不平，曾跑斷了兩雙高跟鞋，而在記者會上多半是點心也吃不飽，只好買外賣。

其實我們早在中報工作時，就都覺得報社工作太不穩定，所以王默人就想和中報工商組一位姓李的同事合夥作生意。而我也和中報的一位清潔工陳燕玲（後來她和她的大伯共同跟我買了一幢兩單住宅房在蒙特瑞路（Monterey））一起想開一間咖啡館，後因大家都沒有經驗而作罷。因那時我們看中了一間位在市區的咖啡館，連生財用具只賣三萬元，當亞裔的東主問我們：「有沒有做過這種生意？」我們都異口同聲地說：「沒有」，那家咖啡館的東主澆了我們一盆冷水，揮揮手對我們說道：「這咖啡館的生意可不好做，要起早帶晚的，還要自己去買貨和進貨，你們沒有經驗是做不起來的。」聽他這麼一說，我們只好打退堂鼓。而姓李的同事想和王默人一起合作推銷一種新產品，我們也不知哪種產品是否

可以代銷，就猶疑起來，後來在報上又看到一間投幣（角子老虎）的洗衣舖要轉賣，位在舊金山車管處附近，結果我和他在附近觀察了兩天，都是非裔的老兄在洗衣服，而且那個區域是中間區治安並不好，加上頂手費較貴，所以只好暫時放棄從商的這條道路。

在我尚未離開國際日報時，我已經在另謀生計，找尋出路。

由於我在報社工作，認識了許多學術界人士，其中舊金山聯合學區的王杰妮（Jannie Wang），她當時擔任內部校區計劃協調員（Coordinator Project Inter Connection）在她的督導下，我從一九八六年九月份開始做一名學校義工。在日落區四十一街夾奧特加街（Ortega）一間國際學校，輔佐年紀較大，愛穿一襲風衣，矮胖的楊太太（雪雷特（Charlotte Tsen）教授中文，想當一名教師助理（Volunteer Teacher's Aid）已經作了一個半月，工

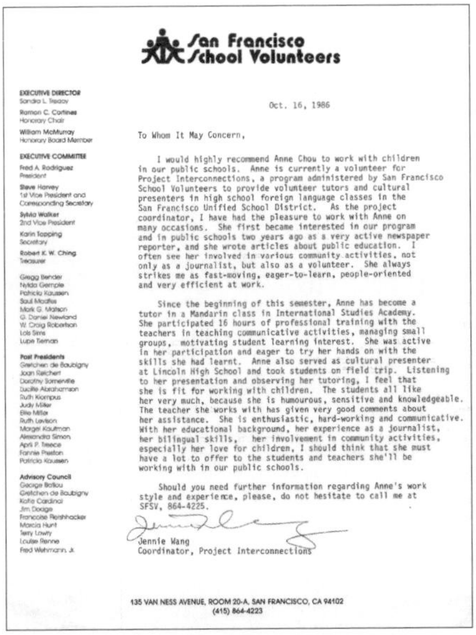

San Francisco School Volunteers

EXECUTIVE DIRECTOR
Sandra L. Treacy
Ramon C. Cortines
Honorary Chair
William McMurray
Honorary Board Member

EXECUTIVE COMMITTEE
Fred A. Rodriguez
President
Steve Harvey
1st Vice President and Corresponding Secretary
Sylvia Walker
2nd Vice President
Karin Topping
Secretary
Robert K. W. Ching
Treasurer

Gregg Bender
Nylda Gemple
Patricia Kaussen
Saul Madfes
Mark G. Matson
G. Daniel Newland
W. Craig Robertson
Lois Sims
Lupe Tiernan

Past Presidents
Gretchen de Baubigny
Joan Reichert
Dorothy Somerville
Lucille Abrahamson
Ruth Kiompus
Judy Miller
Ellie Miller
Ruth Levison
Margel Kaufman
Alexandra Simon
April P. Treece
Fannie Preston
Patricia Kaussen

Advisory Council
George Ballou
Gretchen de Baubigny
Katie Cardinal
Jim Dodge
Francoise Fleishhacker
Marcia Hunt
Terry Lowry
Louise Renne
Fred Wehrmann, Jr.

Oct. 16, 1986

To Whom It May Concern,

I would highly recommend Anne Chou to work with children in our public schools. Anne is currently a volunteer for Project Interconnections, a program administered by San Francisco School Volunteers to provide volunteer tutors and cultural presenters in high school foreign language classes in the San Francisco Unified School District. As the project coordinator, I have had the pleasure to work with Anne on many occasions. She first became interested in our program and in public schools two years ago as a very active newspaper reporter, and she wrote articles about public education. I often see her involved in various community activities, not only as a journalist, but also as a volunteer. She always strikes me as fast-moving, eager-to-learn, people-oriented and very efficient at work.

Since the beginning of this semester, Anne has become a tutor in a Mandarin class in International Studies Academy. She participated 16 hours of professional training with the teachers in teaching communicative activities, managing small groups, motivating student learning interest. She was active in her participation and eager to try her hands on with the skills she had learnt. Anne also served as cultural presenter at Lincoln High School and took students on field trip. Listening to her presentation and observing her tutoring, I feel that she is fit for working with children. The students all like her very much, because she is humourous, sensitive and knowledgeable. The teacher she works with has given very good comments about her assistance. She is enthusiastic, hard-working and communicative. With her educational background, her experience as a journalist, her bilingual skills, her involvement in community activities, especially her love for children, I should think that she must have a lot to offer to the students and teachers she'll be working with in our public schools.

Should you need further information regarding Anne's work style and experience, please, do not hesitate to call me at SFSV, 864-4225.

Jennie Wang
Coordinator, Project Interconnections

135 VAN NESS AVENUE, ROOM 20-A, SAN FRANCISCO, CA 94102
(415) 864-4223

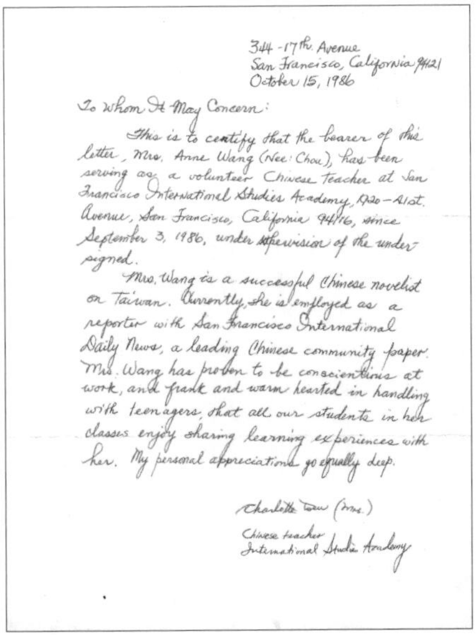

344 - 17th Avenue
San Francisco, California 94121
October 15, 1986

To Whom It May Concern:

This is to certify that the bearer of this letter, Mrs. Anne Wang (Nee: Chou), has been serving as a volunteer Chinese Teacher at San Francisco International Studies Academy, 1920 - 41st. Avenue, San Francisco, California 94116, since September 3, 1986, under supervision of the undersigned.

Mrs. Wang is a successful Chinese novelist on Taiwan. Currently, she is employed as a reporter with San Francisco International Daily News, a leading Chinese community paper. Mrs. Wang has proben to be conscientious at work, and frank and warm hearted in handling with teenagers, that all our students in her classes enjoy sharing learning experiences with her. My personal appreciations go equally deep.

Charlotte Tsen (Mrs.)
Chinese teacher
International Studies Academy

周安儀申請舊金山聯合學區教師助理推薦函。

作時教這些各種族裔國際學生學國語，寫中文，同時也在林肯高中作義工（Cultural presenter）。但由於我沒有教師的資格（Creditial）最終沒有錄用我。在王杰妮寫給聯合學區的推薦信中曾提到我是一位幽默、敏感和有豐富知識的人（Humourous, Sensitive and knowledgeable）。

這時我們倆眞是處境艱難，寸步難行。因他在海華電視公司只有一千元的薪水，而我們有兩個房貸要繳，（一九八六年夏又在附近買了一幢投資房）還有保險地稅、汽車保險等生活費用，加上兒子思予的學雜費用等等，入不敷出，只能節儉度日。大約有兩年多的時間，我們不敢買任何衣物和不必要的商品，由此想見我們的苦況。

但天無絕人之路，終於在困苦中找到了一條生路，那就是改行做地產經紀人。

第十四節　我爲何會走上房地產經紀人之路

這也是形勢所迫，不得已呀！沒有辦法之下，我突然想起我訪問過在舊金山華盛頓街寶謙昌老闆，他曾在少年中國晨報作記者，他也是我學長鍾北謙，對我說的一席話：「在華埠跑新聞不容易，加上政治環境複雜，不如你改行，換一個環境。」我反問他：「做什麼好？」他說：「不如作地產經紀或股票經紀，不過這也要看你自己的興趣。」

一九八五年代的「寶謙昌參茸行」已擁有八幢投資大樓，光是收租就吃不完，但他還是每天吃一碟飯（三元五角錢）或一碗麵充飢。他和太太李寶珠是靠勤儉起家的。由於他和我很投緣談得來，常邀請我在他三層大樓商鋪對面的一家小餐廳吃個便飯。我這才知道原來那三層樓的寶謙昌是他名下的產業，他當年是樓下作店鋪，樓上作住家，兢兢業業刻苦積下來的。他常力勸我這個小學妹，要改行。他也不若我在華埠採訪的另一位學長方李邦琴，她是靠她夫婿承包了《少年中國晨報》的印刷業務而發達的。她在華埠開了「美麗宮大酒樓」，他們倆都是我的學長，也都比我先步入商界，而在商界中，他們也都能各展所長，或為其中的佼佼者。

一九八六年十一月三十日，僅工作四個月，我就離開了《國際日報》，從此銷聲匿跡。

那時我對地產一竅不通，我在家苦讀由函授學校寄來的地產書籍，買了必考的兩本書回來，在家自修。等讀通之後就去家附近的圖書館考試。還記得那位戴著一圈厚厚鏡片的白人圖書館員很訝異地問我：「你的書呢？」因我未帶書本，他很友善地對我說：「我們是開卷考試，一般來說是可以翻書作試題的。」我笑笑地對他說：「都記在我腦袋裡了。」因在台灣參加過競爭激烈的大專聯考，我很有自信地把書讀完了就來考試，沒料到每次都通過了，只要七十分就算及格，等拿到學分後，我又參加了州政府地產局在市中心舉行的筆試，也過關了。在黑壓壓的一群人中，我印象最深刻的是自己總是最後一位交考卷的人。那是因在考場裡，我是先把試題翻成中文，再用中文的想法來回答試題，所以比一般白人考試生答題要來得慢。

花了半年的時間，就拿到了地產經紀業務員（Salesperson）的臨時執照。而正式執照必須要在十八個月內再通過兩項學分考試及格後，才能由地產局發放有效期間四年的執照。

在這段時間，我在家閉門自修，又可在家照顧已讀小學六年級的小予，而王默人仍在海華電視上班，一下班回家就可吃到我煮的香噴噴熱騰騰的菜餚。他曾告訴過我：「這段日子是我最能享受的一般家庭生活。」但僅有半年時間，我又回歸到職業婦女的崗位。

一考取執照，許多地產公司紛紛來函要我加盟。考慮的結果，選擇最近家附近在列治文區基利街（Geary St）的一家二十一世紀的連鎖地產公司分公司。一九八七年三月正式成爲它們旗下的一員。

我記得當時法裔女老闆瑪莉．布朗（Mary Brown）當天馬上聘用了我，因我會雙語，再加上又有新聞學學士學位和記者的經驗。

地產經紀人是沒有薪水的，是靠作生意的佣金分成。先從百分之五十開始尚要扣除上交連鎖總公司百分之十的費用，所以當時每單生意只拿到百分之四十的佣金，不過在我一九九四年底離職時，我已分到百分之七十五佣金，成爲炙手可熱的經紀人了，還得到公司和總公司的獎牌。

剛開始，眞不知如何入門，只好頻頻參加二十一世紀經紀人的訓練課程，做所謂的播種（Farming）工作，就是派發自己印的宣傳單和名片，挨家挨戶掛在公司附近街道房屋門口的把手上。有一次我在掛宣傳單的時候，不料屋裡的人卻開門走了出來，我羞愧地想要逃走時，她卻喊住我：「周安儀，你怎麼在我家門口掛傳單（Flyer）？」我不好意思地低下頭來，原來她是我以前採訪的對象之一，她認爲我落魄至此，已走投無路，還主動和我攀談起來，並請我在附近的咖啡館喝咖啡，想瞭解我的近況。

可能華埠已有傳聞，先有已辭世的祖炳民教授把靠近石頭城（Stonestown）購物中心對面湖邊區一幢兩層獨立屋交給我賣，我並幫助他倆夫妻交換了在密爾布瑞市的一幢較大，有風景的四睡三浴大房，他們搬家時，起初我還用自己的車開車幫忙，因他太太蘇珊（Susan）不會開高速公路。最後一次搬家時，搬家公司司機超速，在stop sign未停車，還吃了一張罰單，而且他還是無照駕駛。第一次一買一賣我就賺了雙倍的佣金，而且幾乎是一倍半的佣金，因爲買他房屋的買家也是從台灣來講台語的一位老太太，爲她的女兒和女婿用現金買的時價四十萬美元的大房。她告訴我說：「是賣了台灣鄉下的一塊土地才有如此多的現金。」

另有一位在華埠會館工作的李朝鈞有意交給我賣日落區三十五街的自住屋，當我把這個消息告訴公司經理麥可・普洛斯（Mike Prez），他長得高大壯碩、戴一副黑框眼鏡，常笑臉迎人，他想和我一同前往李朝鈞的家，我個人認爲他不懷好意，因爲他想和我分一杯羹，想同我一起做賣方經紀人。他更欺負我是新進，想插一手。我心知肚明，開門見山地就告訴他：「我一個人可以頂得下來，謝謝你的好意。」結果李朝鈞的房由於開價太高、格局不好，房子又陳舊，我並未賣掉。他的第二任太太也是從台灣來的，長得嬌小又有殘疾，想交換一幢在艾榮街商住兩用樓房開間美容院，可能是李朝鈞未下定決心，辛苦了幾個月仍然泡湯，生意不僅沒有做成還遭埋怨。事隔多年，偶然機會又碰見了李太太，她還爲這件事怪罪於我，因買不成，賣不掉，她還曾割腕自殺，這件事還刊登在報紙上，成爲當時的一條新聞。事後我才得知此事。

王默人這時對於我能勝任地產工作頗有一番見解。他曾對我說：「周安儀，你有喫苦耐勞的精神，常不厭其煩地載客人去看房，從無怨言，而且你對客人說實話，以誠對待客人，你也從不欺騙客人，已經做到童叟無欺的地步。」

他的這一番話眞是說中了我的心坎。因爲我父母親來台，也是被迫改行的。父親原本是公務員，後爲環境所迫，開小店營商。從小我對商人沒有好感，且從來也沒有經商的經驗，非走投無路，無可奈何，我絕不會走上這條道路。

在二十一世紀地產公司我誠誠懇懇地學習，任勞任怨的努力工作，我甚至還請我以前中報的同事龔浩海爲我在《星島日報》刊登小廣告，也在外國地產公司作些廣告。同時在公司附近的住家發放宣傳單和名片，晚上在家還打電話（Cold Calling），甚至經過一些自賣房的房屋面前，會不辭辛苦的把電話抄起來，打給賣主，或在正在興建中的工地，找承包的建築商要求賣房的合約，只要有買賣的機會，絕不放過，從此就開始我長達三十六年之久的地產工作，並樂此不疲。

剛開始的這段期間內，也有新聞界的同事拉線，要我重返新聞界，如當時的金山時報等，我卻沒有理會，也一概拒絕了。王默人曾對我說：「既然已經從新聞界出來，那麼還要回去幹嘛！那不是又走回頭路嗎？」意思就是「好馬不吃回頭草」。

王默人在海華電視也工作得並不順暢，當時扣稅後他只領八百五十元，後來升至一千元，因人手不夠，除了白天跑新聞外，晚上還負責編輯工作。老闆吳育庭太太又要他學習剪輯錄影帶，也是把他一個人當三個人用，在一九八八年九月，他又負氣地拿著一個信封袋走路，吳老闆曾打過幾次電話，他都沒有接，從此也與新聞界絕緣，一刀兩斷。

我倆此後與新聞界再無瓜葛，也與新聞界人士不相來往，默默地隱居在舊金山，做一名普通的，尋常的老百姓。

第十五節　買房王默人是始作俑者

一九八四年十二月底，他辭去了聯合報的工作，一九八五年一月八日他坐華航班機飛往日本東京再轉機至舊金山，我在機場接他。他當時提了兩個重達五十磅的大行李箱，一個是暗紅色的，另一個是秋香色的，那時他才剛滿五十一歲，能提重物，幾乎要把所有能帶的家當都帶來，不能帶的傢俬雜物都送人了，包括他的書籍、衣物等，其中還有一張賣掉兩幢房屋的銀票八萬美元。

自一九八四年十一月十八日起我住到了那帕山莊（Nob Hill）區距華埠較近的一間散房和原籍廣東的甄太太一起合住，也把兒子王思予遷到華埠在假日旅館背後，近花園角廣場的一間中英文雙語小學就讀。那時我雖和房東擠在一塊住，但因甄太太在華埠點心餐廳工作，她很喜歡小予，時時帶些賣不完的廣東點心晚上給我們吃，我工作忙時又幫我照顧小予，我有時也會抽空燒些菜一起吃，一家人相處得極為融洽。

當他一下機後進門在一七四四拉肯街（Lakin St）二樓的公寓，在那間小小的散房內，看到一張破舊的床墊和我小弟安寶借給我的一架小型陳舊的電視機和散落一地的鍋碗瓢筷，連傢俬也沒有，他覺得我太勤儉持家了，真是家徒四壁。他當時就質問：「要你帶來的五萬美元，到哪兒去了？」我回答說：

「在銀行裡存一年定期生利息，動都沒有動過呢！」他就不再說話。

那天晚上我和他同兒子團聚在一起，吃過我做的飯後，他就和我親熱，眞是小別勝新婚，抱在一起極盡纏綿。他睡在我旁邊問我：「不如先租一幢一房一浴的公寓，和人擠在一起總是不太好。」要我第二天打聽附近公寓的租金價錢，等我打探回來，約要一千元左右。他就同我商量，要不拿他帶來的八萬元作頭期款買幢房屋自己住，何必那麼辛苦，將來又要搬東搬西的？」我並沒有同意，因他還沒有工作，不知貸款會不會批准，正當我猶豫不決時，他給我打了一劑定心針：「不要怕，萬事皆有我承擔呢！」

八萬元的頭款是他千方百計，經重重困難才賣出我們在福德街的自住房和另一幢在松江路四樓「馨園大廈」辦公室的投資房，還包括了我在中廣公司的七個會錢和我同學葉映紅母親爲我們買的人壽保險金在內，由於會錢未到期，只拿回了本錢，而人壽保險金更慘，未到年限提早拿出有罰金，所以只拿回約三分之二的保險金額。

說起會錢，那我眞可算是一個幸運兒。

在我出版的第一本小說《女人心》中，我曾寫過一篇「倒會風波」那是我幻想的題材，結果眞的應驗了，幸虧我走得早，拿得快，沒有被會頭倒會。

在我來美的這段期間，我就寫信拜託中廣客語組播音員，也是我要好同事謝小斌幫我標我的七個會，都是從一九八四年一月開始的，我願出利錢。其中一個會已到期，另幾個會尚遙遙無期。謝小斌按照我的意願，就同意把我的會全由她接手，我只要求拿回本金，利錢全給了她，要他把錢交給王默人。

未料到在若干年後謝小斌來灣區探訪她往日的好搭檔，也是客語組的播音員謝碧泉（她是台灣知名節目主持人包國良的太太）同時也來舊金山與我們敘舊。事後她告訴我說：「周安儀還是你走得快！」我反問她：「爲什麼？」她說：「你沒有聽過中廣鬧得大新聞嗎？」然後她接著說：「海外部國語組的導播周金釗倒會，逃到中國北京躲債去了；而國內部國語導播黃棠開因倒會自殺死了，還是你逃得快，沒有損失，連我本金都沒拿回來，眞是損失慘重，血本無歸啊！」

人生事眞是很難預料的。我們買的台灣第二幢投資房也是靠標會所得作頭款的。那時台灣流行標會，動輒五千元至一萬元金額，如果二十人參加會，會頭可以一口氣拿到扣掉利錢後將近二十萬的現款，所以人人都要參加，因有利可圖，且由小錢變成可利用的大錢。

王默人在沒有找到工作時，他就要我利用工作空檔積極看房，我又從報紙廣告中找到一位在白人猶太人地產公司工作從台灣來的女經記人宗倩如（Christina Chung）在她的推介下，我們總共看了十一幢房，出了兩個買價，就買下了現在所住日落區的三十四街房。我倆坐在她的車裡，本來王默人是想買一幢樓下有姻親的房，可以出租補貼房貸。恰好看中了一幢在列治文區樓下有姻親的房，可惜美中不足的是沒有停車位，我們並不太中意，但也出了價，也因爲沒有作功課，不知市場行情，就沒有拿到。後來又看到這幢三十四街房，雖然樓下沒有姻親，但仍有一大房，還可停兩部車，他很滿意，但因爲我的心直口快，在車上被那個女經紀人聽見了。因剛上市，又是她公司白人經理的待售屋，她就要我們出價，我們快手快腳地出了價，只還了二千元，還是買房屋的現狀，也沒有檢查的條件，以十六萬九千元成交。後來據鄰居告訴我才知道這條街的行情，足足出了高出兩萬元的市價，因那時市價平均僅十五萬左右，立即被年老一頭白髮在三A汽車協會（AAA）工作擔任經理的白人喬治・康威（George Conway）所接受，後來等我作了經紀人後，才知道賣主給我們寫的合同內，如果買家作檢查，最多可以賠回二千元的現金，但因爲我們的經紀人宗太太並未誠實地告訴我們合同的細節，我們當時也不懂，就懵懵懂懂地簽了字，沒有作房屋檢查，所以也未拿回那二千元的現金。

這幢房屋，爲了買得安心，我特別請了在聖荷西定居的大弟安儉來爲我們把關，因他在一九七九年買的是全新獨幢四睡三浴的洋房，僅付了十一萬元。他看過後覺得這幢房屋太過陳舊，又太小，當場要我倆退出這筆交易，還願意代我們賠償賣主的百分之三的損失。因我們已付了五千元的訂金已存在第一產權公司（First American Title）內。當時安儉在桑尼維爾市（Sunnyvale）的洛克菲德飛機公司作電腦工程師，年薪二十萬，才會出此狂言，但因我們不懂買房的條例和規則，如果貸款不成，訂金可以全數退還，事後才知道，但也太遲了。以後王默人每每遇見宗太太時總是冷眼相待，因他認爲這位女經紀爲了賺取佣金，並不誠實，也隱瞞了部分事實，欺騙了我倆。

本來這幢房屋是買不成的，因我們只付了五萬九千的首期，尚需要借貸十一萬元，當時王默人並沒有工作，而我的薪水僅一千一百元（包括車馬費一百元在內），而利率高達百分之十三點七五厘。十一萬元三十年固定的貸款要付一千兩百多元（本金連利息），幸虧靠了我在華埠認識的誠意銀行（一家小型由中國人開設）的女經理，她把過去王默人在聯合報的年資和薪水也算在內，才貸到了這筆款項，眞是寅吃卯糧，買了一幢我們不堪負荷的房子。一九八五年三月八日，我們終於搬進了現在已經住了三十七年的家。爲了這幢房，我們倆咬緊牙根，過著節衣縮食的日子。

第二幢房也是在日落區四十八街，較近而易管理。每次買房，王默人都有獨到的眼光。他買的房都是穩賺不賠，獲利豐碩。

一九八六年的夏天，把我存在銀行裡的定期五萬元提出後，因與人合夥生意難做，他就想買一幢收入樓宇，用租金作收入。自從我倆買了三十四街的自住房，房屋價格每年都在節節上升。他想還是投資房地產才是我們將來的依靠。在那年的八月的一個星期六的早上，恰巧我們沒有採訪任務，我看了中英文報紙的廣告，有一幢二十一世紀地產公司的待售屋，價錢便宜，而經紀人公司又在我家附近，我立刻打了電話要預約看房，而那位白人經紀人卻說要值班，沒有空帶我們看房，無奈之下，我就又打了另一通電話給在基利大道（Geary）的一家華人地產公司——美洲實業公司，是一位也是來自台灣的男經紀周益昇（Andy Chow）接的電話，他在電話那頭告訴我們：「等我十五分鐘」，他馬上開車來接我們看我們所指定的那間房，因那間房開價僅十六萬元，是用咖啡色木板瓦搭建的兩層平房，樓下尙有一個專門的小邊門可出入，樓上還有一個獨立的陽台，方便做姻親出租，王默人當時就看中了，馬上坐在經紀人的車裡寫出價，這是很少有的事，而且問周益昇：「什麼價錢可以拿到？」周益昇說「那就加個三千元吧！」我們聽了他的話，當機立斷在車上寫了十六萬三千元的出價，並要他馬上送到二十一世紀地產公司，賣方經紀人的手中，未料到由於我們出手快，價錢好，賣主答應賣給我們，我們很是高興，但等到向他建議的貸款公司借貸時，卻遭到了滑鐵盧，因那家銀行看到我們所塡的收入如此之低，不願借給我們十萬元，但我們不願放棄這筆交易，我又只好利用我在華埠銀行商家的關係。一九八六年九月底，也因爲這幢房，我們倆的收入才逐漸地穩定。同時我們花了近一個月的時間，並耗費數千元在樓下作了兩房一廳的姻親，可分開出租。這幢一九七〇號四十八街的房，除了付房貸、地稅和保險外，尚有一點額外的收入，這也是大家所稱道的一頭賺錢牛（Cash Cow）。

我們嚐到甜頭後，才會今後繼續投資房地產。所以王默人是始作甬者，而非周安儀。

第十六節　王默人的鼓勵，走上地產之路

從一九八七年三月二十六日起，在二十一世紀地產公司，我就兢兢業業地努力工作，眞是初生之犢不怕虎。至年底時，我已經賺了八萬元的佣金。而一九八八年地產市道強勁時，我共賣出了二十二幢房，淨拿二十多萬元的佣金，眞是賺得盤滿缽滿。當時我的會計師陳傑民（Kitman Chen）他是我曾經採訪過的受訪者對我說：「你賺那麼多的錢，可能要扣很多稅啊！」不僅會計師如此說，連我的法裔女老闆瑪莉．布朗也對我說：「你賺得錢已經遠遠超過雷根總統（Ronald Regan）的薪水。」當時雷根總統的年薪是二十萬美元。

一九八八年我與他商量的結果，隨後又買了兩幢在日落區的投資房。一幢是位於三十八街夾泰勒維爾街（Taraval）；另一幢在二十街夾奧特加街（Ortega）。其中三十八街房距我家很近，是我客人已買成的房。不料賣主的經紀人在房屋交接前兩天，在窗口掛了一個房屋已售出的招牌，引得十一個債主們紛紛到市政府申請償還債務（Lien）的申訴書，導致不能如期交屋，如果賣方不能同所有債主們達成和

解協議，房屋交易就會一拖再拖。我的買家等不及，就和別的經紀人買了另一幢也在日落區的房，我非但沒有賺到佣金，也引起了那位華裔買家夫婦的不滿，認爲我不瞭解事實的眞相，對我很不諒解。我眞是覺得自己吃不到羊肉還弄得一身騷，辛苦了半年也沒有賺到佣金。

一九八八年，地產市場火爆，房價直線上升，那幢二十四萬五千元的房屋不久後已經上升到三十萬元，在陰錯陽差下，我認爲機不可失，等債權人和賣主談妥後，我就以當時的價錢買了這幢房，還自認爲是一項好的交易。

另一幢在奧特加街的房，尙未上市，正準備裝修，那是一對與我合作過俄裔經紀人的房屋，他們是以低價買進準備裝修後想大賺一票。他們告訴我後，我和王默人商量的結果是可以考慮的。那幢房的格局與我們現自住的三十四街房都是中央天井房，又光亮且比較大一點，還有舊金山地標金門橋的海景。

兩幢投資房都是以百分之二十的首付，和百分之八十的貸款買下來的，卻不料當時租屋市場租金低，僅一千元左右，兩幢房子只租了二千多元，尙不夠負擔房貸、地稅保險和修理費用，每月還需從自己的腰包拿出五千元來彌補赤字。

我心裡想，反正房屋的各項支出均可抵稅，才勉強支撐下去。但天算不如人算，也許是我外祖父在我小時候早已看出我貪心的性格，可能會有這一劫數，或許是上天要給我懲罰吧！一九八九年十月十七日舊金山發生了Loma Prieta七級的大地震，房價連連下降，再加上經濟不景氣和股市崩盤。我的生意也受到影響，每年僅賺十萬元，只有往日的一半，所以這兩幢投資房變成了我們的惡夢。

三十八街那幢房幸虧我們倆走的及時，逃得快，反倒賺了錢，而下一個華裔女賣主後來卻虧本賣出，沒有像我倆這麼好運。當時白人住客原在電影公司工作，後來失業繳不出一千元的房租，主動將房屋的鑰匙放在我家信箱裡。沒有了租金，只好忍痛在一九八九年地震發生前，以三十一萬元現金賣出，反而又賺了錢還要繳稅，當年接手的女買家反倒做了我們的替死鬼，在一九九一年賣出時，更是折了兵，賠了本。

王默人是一個智勇雙全的人。他在一九八九年地震後，看到經濟蕭條的慘狀，立即要我把存在銀行裡十萬元的現金拿出來去還奧特加街的房貸，因貸款七厘而存款利息只有三厘，中間有四厘差別。然後又要我請教我們的陳會計師。會計師對我說：「如果你的投資房一幢賺錢，另一間賠錢，可以對沖，就不需要繳稅。」

等了將近兩年，房屋市場仍未有起色，實在捱不下去了，就將已賺錢的四十八街和賠錢的奧特加房一起上市，此時住客都已搬家，本來兩幢房均已賣出，結果奧特加房已簽了合約的華裔買家反悔，買家想直接同賣主再次殺價，而不透過他的親戚中間人，他是看我開放房屋來的。王默人很不高興，說好的價又要降價，他最討厭「出爾反爾」的人，當年在台灣的馨園大廈以前也是爲了再殺五萬元而不賣的，結果在我出國後，王默人委託地產公司出售也並未賣出個好價錢，因此他還是決定不賣奧特加房，先找住客租出去，看市場情況再處理。那一年只賣掉四十八街，還要繳稅。

不料一等，又是漫長的七年過去了。等一九九八年房屋市場稍有起色時，我連房客一起賣，卻收到了三個比要價高出三萬元的合同，除已接受的合同外，尚有一個候補合同（Backup Offer），以三十六萬元賣出，因賺了錢必須要作一〇三一延稅的交換，在賣出這幢房以前，由於利率下調，我們重新又貸出了十多萬元，先交換了一幢在米慎街（Mission）的三層各一睡一浴的四單位投資房，房租收入多了一倍多，又用已借來的款項做首期買進了在帝利市（Daly City）三層各一睡一浴的轉角四單位，因兩幢均有分開的水電錶，都由租客自付水電費。從奧特加獨幢房變成了兩幢四單位的投資公寓，我們又擁有了兩頭賺錢牛。

第十七節　爲何會走向創業之路

在爲二十一世紀地產公司效命的將近八年中，王默人一再地鼓勵我。他先要我去美國人開設的地產公司作經紀人，去實習和受訓，學到本領後才能正式開業。他一直是我背後的推手，也時時地輔佐我。

在美國，房地產經紀人的執照，每四年都要換新一次。四年內要參加四十五小時的培訓課程，因此一九九三年的夏天，我趁著要第二次換新執照時，照以前的方法透過函授學校買了八本書苦讀，還是到圖書館或產權公司去考試，拿到足夠的學分後，再參加州政府地產局的考試，通過後在一九九四年六月，執照到期的前一年，我拿到了地產經紀人（Broker）的執照，從此不再寄人籬下，可以開創我自己的地產公司。

那時我所屬的那間二十一世紀地產公司已發生了巨大的變化。法裔的女老闆，自先生死後又改嫁給一位曾在軍中任職長得高大健壯的白人艾德（Edward），他也常來公司，管理業務。她一向有種族歧視，七年中先後聘用了四位白人經理，且她從不給經理薪酬，而是分現有公司經紀人佣金抵作薪資，因此流動量較大，這次，她竟然提拔一位我最看不起的白人同事愛爾蘭裔丹尼爾・肯尼迪（Daniel Kennedy），他以前業績不好，只作租賃服務，且離職後又再回公司，現升他做經理，引起我的極度不滿。理由是我個人認爲我是老人，他是後進；而我又是紅牌經紀人，業績超好，她不升任我，我並不在意，而丹尼爾卻用一種嚴苛的方式來管理我們，要我們一定要準時開會，按時申報業績等等，沒想到當時我正有兩單買賣正在進行，結果他不僅不戀舊時的情誼，還對我多加指責。

一九九四年底，我一氣之下就提了大型牛皮公事包回家，連牆壁上掛著我的獎牌都沒有拿。回到家後，王默人還認爲是我的不對，他好言相勸我：「好歹要把佣金拿到手才回家。這樣回來，不知道這筆交易完成後，你還拿不拿得到你的佣金？」我一時在氣頭上，也真沒有想到這一點，想想自己也真是衝動了些。結果眞被他說中了，那筆大額的佣金並沒有拿到，還是我自己到舊金山地產委員會去申訴，開協調會才拿到了那筆佣金，而數量大的那筆佣金卻被法裔女老闆給多扣了百分之五。她還振振有辭地對我說：「每年都要扣百分之五的，但往年都沒有扣你的。」我也只好吃了個啞巴虧，自認倒霉了事。

我本來想把公司開在家裡的，自己一人做。不料一九九五年過農曆新年時，家裡來了一位不速之客，是我的一位華裔客人來家裡尋我，我開了車房旁的小邊門請他進來，他通過一條黑漆漆的通道，他以爲我已經做不下去了，當場塞了一個二十元的紅包給我，要給我兒子作壓歲錢，我也很尷尬。再過了幾天，我的一位老同事，也是前任我的經理比我大四歲的鮑伯・艾文斯（Bob Evans）邀請我開一家地產公司，並承諾我說所有那間二十一世紀地產公司的老同事都會加盟我們的陣營，才種下我以後創業的種子。

我們倆人就一同去了日落區艾榮街、猶大街和泰勒維爾街找合適的鋪面作辦公室，尋尋覓覓了幾天，才找到一間二十九街夾泰勒維爾街（Taraval）轉角辦公室，打了租房經紀人電話，麥可．肯尼（Michael Kenny）告訴我們，每月租金八百元，租約五年，明年尚要加租五十元，五年期滿按市價。當時我和鮑伯看了後覺得很滿意，就與白人租賃公司老闆麥可．肯尼簽了合同。那間辦公室在轉角，是一幢四層大樓，共有十六個單位，樓下有兩店鋪，上面是公寓，還有五個停車位，最令我欣賞的是我的辦公室上方有一個巨大的招牌，晚上可以通宵開燈，非常引人注目。

那間位在1900 Taravel St辦公室很小，大概只有四百平方呎，但很光亮，兩邊都是大窗戶，擺了五張桌椅和一個小圓桌（作會議桌）及一張沙發後就沒有什麼空間了，連一台電腦和傳真機都是放置在半掛在牆壁上的一張長方形桌上，打字機和冰箱和小櫃子都擠在我椅子背後，後面尚有一間小的洗手間

周安儀攝於舊塔拉瓦爾街（Taraval Street）辦公室。

和擺雜物的小儲藏室。但我們剛創業也顧不了這些了。

本來王默人想取名長青實業公司，但發現列治文區基利街（Geary）有一間長青殯儀館，我們臨時就改名爲長菁實業公司，英文名仍照舊（Evergeen Realty）。結果開業那一天，一九九五年的二月一日，相熟的產權公司和貨款公司都送來了許多的花籃和花樹、盆栽等慶賀。尤其第一產權公司（First American Title）還爲公司設計了公司的商標圖案，我現在想起來還存有感激之心。

而那位愛爾蘭裔的二十一世紀地產公司的新任經理大我兩歲的丹尼爾．肯尼迪聞風到我公司騷擾我們。我對他說：「我的客人是屬於我的，可不是屬於二十一世紀的，你又不會講中文，你能和他們溝通嗎？」他才悻悻地離去，從此再也沒有來過。

後來我聽說那家列治文區的二十一世紀地產公司，自我們離開後，生意一落千丈，不久女老闆以三萬美元將招牌和人員賣給了一位韓裔的地產經紀人，而她和第二任丈夫艾德也在一九九八年相繼去世。

在泰勒維爾街，我們的辦公室雖小，但也五臟俱全，雖在斜坡上，又有L街車經過，中英文長菁實業公司大招牌每晚點亮著，非常醒目又吸睛。

自從有了辦公室後，我在二十一世紀公司的老同事，大家聽說後都先後加盟，後來又有我的客人和客人的孩子們的加入，連五張桌椅，除我和老同事鮑伯固定各坐一張外，其他三張都要輪流坐。

在長菁實業公司業務鼎盛時期，一九九八年我買了二一二四Taraval的新辦公室，共1500呎有兩會議室和老闆辦公室。其中紅牌經紀掛頭牌的有我和鮑伯；掛二牌的有英格麗．桑切斯（Ingrid Schenze）。不管是西裔、華裔、日裔、義大利裔、挪威裔、希臘裔或中東裔，我都一視同仁。我的公司就像個小型的聯合國，對他們我也盡量照顧，也從來不搶同仁們的生意，大家相處得很融洽，每逢聖誕節大家一起聚餐，王默人也參加，像一個大家庭。直到二〇一五年三月，我把二一二四泰勒維爾街商住兩用大樓賣出後，也把轄下的經紀人牌照還給他們才歇業；又把我大部分的生財用具都送給客人時，才自己一人退休在自住的三十四街樓下小辦公室作些老客戶或相熟客戶介紹來的生意，現呈半退休狀態。

第十八節　幸運之神眷顧，走上發財之路

自從開了長菁實業公司後，不到兩年的功夫，公司生意做得紅火，我聽從溫文儒雅王默人的指示，用我賺來的十萬美元，也是第一桶金，在外米愼區（Out Mission）買了一幢轉角兩單位的收入樓宇——三二〇〇聖荷西街（San Jose St），而這兩單位相當平板是一幢兩層的現代化建築，一單位二睡一浴，另一單位一睡一浴，尚有雙排的四車位，都有住客，租金收入僅二千多元，但我們只借貸十萬元，那時利率已跌至七厘以下，扣除地稅保險等尚有少許盈餘，不需從口袋補錢。這也是我們自一九八八年投資房屋買來的教訓，從此我們不再投資單一住宅，而向多元化單位進軍。

此時，公司又有許多新同事的相繼加盟，生意愈發興旺。白人女房東將這幢我們租賃的十六單位轉賣，而我的租約又即將到期，擔心新房東會加高租（因舊金山的商業樓宇不在租金管制範圍內）。我和

王默人商議的結果，必須在公司附近找一間較大的店鋪，是買還是租尚未商討好時，不料一九九八年末，在三十一街夾泰勒維爾街有一幢遺產屋上市，而售屋的經紀人也是我所認識的二十一世紀另一間在外米慎區男老闆布魯諾・巴丁尼（Bruno Baldini）的待售屋，很幸運的是我出的比全價還要高的三十八萬出價被遺產繼承人接受了，當時商住兩用住宅利息比單一住宅高出很多，而且沒有固定利率，只有浮動利息。回家與王默人商議的結果，決定把現住的自用住宅重貸，拿出現金三十八萬來買這幢辦公室，這又弄得我倆手頭很緊，因銀行只借出二十八萬元，十萬元必須東拼西湊的才能補足；而那幢辦公室破舊不堪尚須大肆整修才能遷入，幸好我與裝修佬朱先生達成協議，分期付款，花了三個多月的時間，才將舊有的大招牌搬遷過來，以及水電換新，並設計了兩個會議室和老闆辦公室以及加了一個小型的廚房，也裝了新地毯、換新兩熱水爐、裝新暖氣等，在一九九九年二月正式搬入二一二四泰勒維爾街，從此我們就有了新的辦公室，不用再寄人籬下了。

爲什麼會有兩個會議室，這也是學來的經驗。因以前在那租來的小辦公室裡僅有一個圓形會議桌，買家與賣主見面時，坐在一起討論時常會爭執個不休，往往鬧得經紀人非常爲難，不知如何勸架。

在新辦公室裡，又新買了兩架新型電腦，一部大型影印機和傳眞機和新型打字機。又請了一位我相識的買家蔣謙工程師來安裝軟體和管理長菁實業公司的網站。門口玻璃上方也設置了一盞霓虹燈閃爍個不停，大窗口更訂購了一條長型白色透明塑膠框，在上面可以擺放我們所有經紀人待售屋有照片的宣傳單，看起來非常顯眼，一切就緒後才開門營業。

在一九九八年除用奧特加街單一住宅交換了兩幢四單位的投資房外，又聽從王默人的建議，用賺來的餘錢先後在此期間至二〇〇五年買了三幢房，也交換了四幢，但最幸運的是在二〇〇六年市道最旺時，以及二〇〇八年後金融危機期間，我們並沒有從事任何買賣交易，所以避開了面臨破產或房屋被銀行回收的風險。

我們的所有房屋安全地度過了這些災難，我想這也是幸運之神眷顧我們吧！讓我們財富節節上升。股票那時尚未有餘錢投入，因此也躲過股市的熊市，也未被套牢求現。

現我倆共擁有七幢投資樓宇，一幢自住房，三幢在帝利市，四幢包括辦公室在內，光是每年收租就有三十多萬元，扣除地稅、保險、修理等費用尚有盈餘，這也是我們在一九八九年亂投資房汲取教訓修正後換來的收益。

第十九節　會計師激發我們回饋社會的動力

二〇〇四年，我生意比一九八八年還要火爆，竟然不到年底已淨賺了二十五萬美元的佣金（一九八八年共賺二十二萬元）。一次與我們的會計師陳傑民閒談的結果，他建議我把十萬元美元捐給中國北京大學成立「王默人小說創作獎」，他那時與北大在此地基金會兼差的秘書高平律師是股友，當時的十萬美元可以折換約八十萬的人民幣。我聽了以後有點心動，和王默人商量的結果，他也認為小說獎是他實現文學理想的第一步，何樂而不為呢！一方面捐獻獎學金可以少繳些稅，因每年我們繳高額所

2018年4月，周安儀出席第九屆「北京大學王默人小說創作獎」頒獎典禮。

得稅，透過陳會計師和高平律師的關係，我們與北京大學中文系搭上了線，二〇〇四年底就捐了十萬美元給北大；而二〇〇五年十月，當第一屆王默人小說創作獎領獎典禮時，我和兒子思予一同親赴北京參加此項頒獎典禮，並經由北大介紹的導遊遊覽了我嚮往已久的黃山和桂林等名勝風景勝地，這是我第一次涉足北大，並住在北大宿舍裡前後兩晚，付了五百元美金以示感謝款待之情。

第五章 王默人像武俠小說裡的俠士 常爲我打抱不平

第一節　通用器材公司在我離職時，爲我舉行了盛大的歡送會

在通用器材公司五年期間，我還懷孕生兒子。

我與同仁們相處的很是融洽，天天跑生產線，和各廠裝配線員工打成一片，並受邀參加線上舉辦的各項活動，包括旅遊等。我那時很好玩，常要王默人陪我一塊去，他和我倆一同坐在遊覽車上，大家起鬨要我唱歌，但我卻不會唱，沒有歌唱的天賦，只會哼：長亭外，古道邊，芳草碧連天幾句。而他老是替我打圓場，他會唱「滿江紅」，他的國語字正腔圓，嗓音高亢嘹亮爲我解圍。但在事後卻埋怨我，說我太天眞，爲什麼要他和那些裝配員混在一起。我個人從來就沒有門第觀念，他卻說我老是把他往陰溝裡推，而不像他的紅顏知己谷楨，老是把他捧得高高的。因那時年輕，不懂事，常要他陪我參加活動，他個人認爲有失身份，從此我也不敢拖他一塊去了，連中國廣播公司每年舉行同仁的郊遊活動，大家都攜家帶眷的，我也不敢請他陪我一塊去，怕有失他的身分，只帶兒子參加，形影孤單。

其中蔣緯國將軍曾來過通用器材公司訪問，由當時的通用公司白人總經理接待，他訪問了工廠，我全程陪同採訪，那時的人事處長是魯比（E．Ruby），兩年多後，他調回德州總公司，而人事處長也換了一位高瘦長得英俊俊朗的凱萊（J．Klein），華人人事經理也變動了，由詹姆斯．黃（James Wong）擔任，他年輕個兒較矮小，但也長得相當瀟灑。他比前任的亨利．朱（Henry Chu）更懂得逢迎拍馬，討得凱萊的歡心，因爲我是老人，他對我並不友好，多加指責，眞是一朝天子一朝臣。王默人得知我的處境後，曾直接打電話給他，表示對他的不滿，所以他爲了平息王默人的怒氣，特別在我

一九七七年四月離職時，在人事處舉行了一場盛大的歡送會歡送我，爲我足足爭回了面子。

我自己也認爲自己像極了魯迅筆下所寫的《阿Q正傳》裡的那個阿Q，有人欺負我時，我都沒有還手，總是默默的忍受，抱著息事寧人的態度，而王默人卻不然，出手相助爲我出口惡氣，讓我獲得應有或公平的待遇。

第二節　中廣公司《空中雜誌》社長吳疏潭疏忽爲我慶生，他出手相幫

一九八〇年十二月我從海外部記者調任文化部編輯，主編「中廣通訊」，它是一份同仁內部月刊，由文化部空中雜誌社社長吳疏潭所管轄。

本來與吳疏潭社長關係一向良好，因長期應邀爲空中雜誌撰寫專欄之故，但自一九八一年六月由黎明文化事業公司爲我出版的第一部報導文學「中國新聞從業人員群象」上下集後，他就心生不滿，不得已在下冊中我寫了一篇後記，說明這部報導文學是我在一九七七年一月至一九八〇年五月刊載於中廣出版的《空中雜誌》一個固定的專欄，這個構想是中廣總經理黎世芬所擬定，由《空中雜誌》社長吳疏潭大力推動完成，交由我採訪、撰稿，如有任何建樹，則完全歸功於以上兩位長者，同時一併致謝黎明文

化事業公司總經理田原概允出版，才讓他消了氣。

雖寫了這一篇後記，但是在我於一九八〇年十月由聯合報出版的《藝林春秋》報導文學卻請了畫家姚夢谷寫序文，我沒有請吳社長寫序，我也沒有寫後記，不過我曾爲他的空中雜誌要回許多知名畫家的畫作作封面。但自從調到他的部門後，以前的嫌隙就又因應而生。

其實，那時的《空中雜誌》前後尙有三位編輯陶家菊、李可鈺和汪育成，還有攝影記者小羅和會計艾麗華等人。

社裡有一個陋規，就是每逢同仁生日，大家合夥出份子錢，在餐館大肆慶祝一番，但每回輪到我的生日卻沒有動靜；王默人知道後親自打電話給吳社長，他才爲我舉行生日宴，要不是王默人出手相助，他才不甘心，也不會爲我設宴慶生。

第三節　徐圓圓看我們夫妻同行採訪不順眼，拿我出氣，他立即還以眼色

大約在一九七九年間，我代表中廣去外地採訪，而王默人也代表中國時報出差外地採訪，不期而遇，主辦單位知道我倆是夫妻後就安排我倆同住一間房，剛好隔壁住的是我中廣同事，時任國際組長的

徐圓圓，當時她是小姑獨處，看到我和王默人卿卿我我，親密的舉動有些看不順眼，因我採訪時要作錄音專訪，比同行的文字記者手腳都要慢半拍，她就心生不滿，指揮東，指揮西的，要我做這做那的。當時我頂頭上司是海外部國語組組長知名的播音員白茜如，而非她。她又嫌我爲什麼老是落後，我平時也與她有來往，因辦公室在同一層中視大樓，她的這種吃醋的舉動讓我很是傷心，而且有時還當著王默人的面前羞辱我，王默人看不過去了，就站在她房間門口，指桑罵槐的，罵得她不敢回應，認爲她不合理，她又不是我頂頭上司，無權指揮我，她這次的行動著實讓我傷透了心，從此我與她再無任何瓜葛。

一九八四年十月份，我們在舊金山的記者會上偶遇，我代表中報去採訪時，我裝作沒有看見她。從那次芥蒂後，就不相來往，也不再搭理她，形同陌路。

第六章 我的人生旅途

第一節 近十七年新聞工作，我的成績單

近十七年來的新聞工作，也並不一帆風順，也經歷了許多風浪。但我從不氣餒，仍然揚帆前進，王默人非常欣賞我這個優點，曾經說過我：「周安儀，你是一名穿牆人，你非要穿過這道牆才罷休。」他的這句話眞是說到我心裡深處，只要我喜歡的事，我一定會盡力去完成，哪怕有多麼辛苦和困難，甚至要犧牲我的睡眠。尤其是和王默人成婚後，更激發了我創作和報導的動力。

年輕時的我，眞是精力旺盛，充滿活力。我常把二十四小時當四十八小時來使用，我甚至認爲睡眠對我並不重要，白天採訪，晚上寫稿，大部分的時間，除了上正常上班之

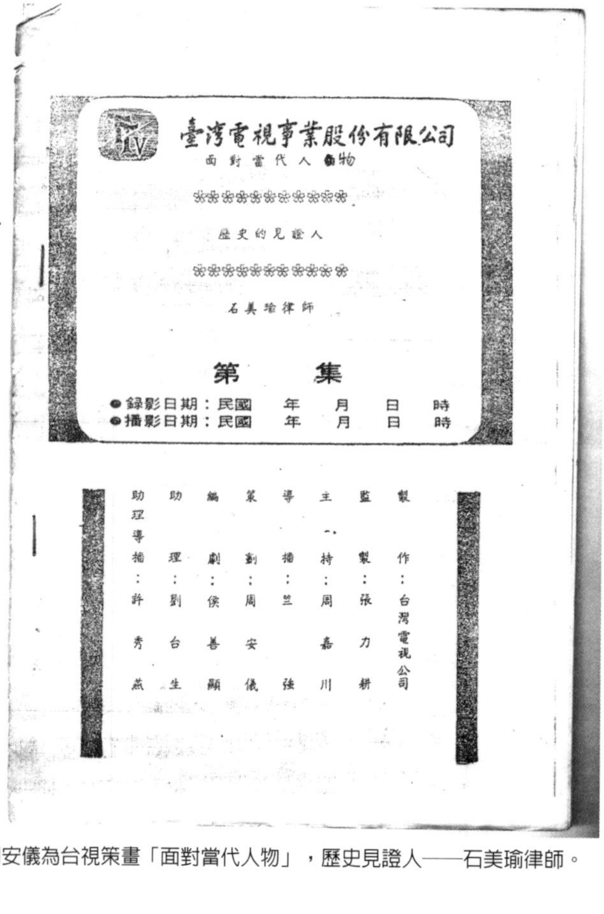
臺灣電視事業股份有限公司
面對當代人物
歷史的見證人
石美瑜律師
第　集
●錄影日期：民國　年　月　日　時
●播影日期：民國　年　月　日　時
製作：台灣電視公司
監製：張力耕
主持：周嘉川
導播：竺強
策劃：周安儀
編劇：侯善顯
助理：劉台生
助理導播：許秀燕

周安儀為台視策畫「面對當代人物」，歷史見證人——石美瑜律師。

外，我還做了一些兼職，譬如寫報紙和雜誌專欄及小說，同時也爲電視公司做策劃，如：爲台視節目和中視六十分鐘策劃。

一九七六年至一九八〇年間，已經不記得確切的時間。我曾在台灣電視公司策劃了「歷史的見證人」，訪問石美瑜律師，這節目是由周嘉川主持，張力耕監製和竺強導播。

也曾爲中視由熊旅揚主持的六十分鐘策劃「酒」等專輯。

一九七二年至一九七七年間更應聯合報董事長王惕吾邀請撰寫「各說各話」專欄。

一九七五年十月底至一九八〇年中旬也應青年戰士報副刊主編胡秀（作家呼嘯）邀請在副刊撰寫一系列的專欄和報導文學，忙得眞是焦頭爛耳的，連王默人都看不過去。

當時在海外部有國語組組長白茜如、副

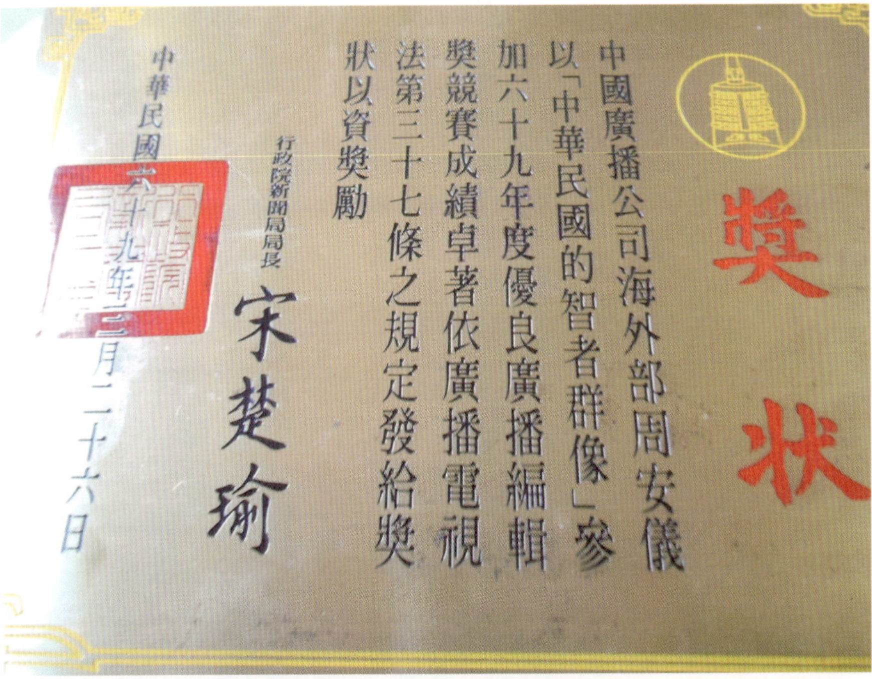

周安儀1980年以〈中華民國的智者群像〉入圍金鐘獎廣播編輯獎之獎狀。

組長李繪雯、會計舒婉珍，導播柳泉、周金釗、播音員劉萍、陳耀燕、沈同、李競芬等。

最令人稱道的是一九七七年四月至一九八〇年十二月底主持「名人專訪」特別節目，曾以「中華民國的智者群像」參加一九八〇年廣播金鐘獎入圍優良廣播編輯獎，獲新聞局長宋楚瑜頒發獎狀（一九八〇年三月二十六日廣獎第一二四號）。

這是我長期以來在中廣主持的「名人專訪」集錦「自由中國智者群像」是由周安儀編輯採訪，白茜如製作主持、涂安貴配音剪接。共播出王雲五、梁實秋、王作榮、李崇道、徐賢修、張敏鈺、紀政、馬樹禮、李抱枕、張大千等社會名流的訪談節目。

令我印象最深刻的是訪問已故的李登輝總統。他當時職位是農復會委員，是一個不受重視的閒差。他應邀受訪時沒有乘私家小包車，也無隨從，是走路進仁愛路二段的中廣門口的，但門口的警衛狗眼看人低，看他輕車簡從的，攔住他，不許他進門，他就要警衛打電話給我，我告訴警衛：「他是我採訪對象。」才准他進門。當他在錄音室裡，面對著麥克風，說不出話來，結結巴巴的，我要他同平時一樣說話，不要緊張，他這時才緩過氣來。結束了訪問後，他走路回家（我猜測他家就住在附近）。等我在美時，我才知道他已當了蔣經國總統的副總統，後來又作了總統，之後也組建了自己的政黨。我個人認爲在他作農復會委員閒差時就已經種下了對國民黨強烈的不滿，只是埋在心中而已，沒有爆發，才會日後導致他反國民黨的後續行動。

在中廣，我還參加了公司舉辦的烹飪班，因與王默人成婚時，我不會燒菜，弄出許多事端，後來還是他慢慢耐心地教導這個大而化之的我，我才一步步慢慢地學習，漸漸也能烹調出適應他口味的菜餚。

在婚後，我倆像龜兔賽跑般。那時我受他的影響，工餘之暇喜歡看易卜生寫的「傀儡家庭」，他善於描寫衝突，女主角娜拉要作一個健全的人，所以毅然地出走了。他寫實寫得很眞，是人性與理性在不斷地搏鬥，也在理想與現實的矛盾中掙扎，還有個體與群體的衝突，擅寫悲劇的他，表現出一個人的生命和靈魂。

至於莫伯桑的《項鍊》，使我對虛榮產生了極大的反感，爲了借一條項鏈充場面，結果賠出了一生的幸福。這是因爲女主角以爲那條珍珠項鍊是眞的，結果丟失後花了很大的代價千辛萬苦地賠出了一條眞正的珍珠項鍊，我個人認爲不值得。

那時我喜歡卡繆的《異鄉人》，還有中國大陸的傷痕文學，也喜歡美國作家史丹貝克《憤怒的葡萄》、法國作家福羅貝爾的《包法利夫人》以及俄國作家托爾斯泰的《安娜．卡列尼娜》；而中國的經典小說《紅樓夢》以及《聊齋誌異》、《金瓶梅》等，我也很喜歡。

同時我也和他常上電影院看電影，大家都有著共同的愛好。其中有一部德斯汀．霍夫曼主演的「午夜牛郎」是在電影試片室播放的，未對外播放是禁片。我們上新生戲院看的有霍夫曼主演的「畢業生」、華倫．比提、娜丹．麗華主演的《天涯何處無芳草》、瑪麗蓮夢露的《大江東去》、娜丹．麗華的《西城故事》、費雯麗的《羅馬之春》、馬龍．白蘭度的《岸上風雲》、蘇菲亞羅蘭和安東尼昆主演的《鐘樓怪人》、奧馬雪瑞夫的《齊瓦哥醫生》和保羅紐曼的影片。他喜歡的人物，不管是電影明星也好，都要有一股特殊的味道，如馬龍．白蘭度、保羅紐曼等，甚至畢蘭卡斯特、寇克道格拉斯或新進的德斯汀．霍夫曼等，都令人印象深刻，值得回味。

那段期間，我們倆下班回家就努力筆耕。我寫了策劃中視的專輯「酒」，還特別跑到萬華綠燈戶（娼妓出沒的場所）去實地觀察和採訪，做完專輯播出，和他談及這件事，王默人就寫了「靠在門框上的女人」發表在報刊上，和我一試高下。另外我寫了「圓圈之外」，他就寫了「陰陽之間」與我抗衡，更充分地表現了他寫作的功力。

其實早在一九七一年，我倆尚在熱戀中，他就寫了〈錢老闆娘的世界〉短篇在《中央日報》刊出，是以我母親周費瑛作藍本的，而在中視「明星劇場」唯一由他編劇的電視劇本「擇偶記」，也是以我倆的戀愛作主軸，他是畫家的替身，我則是咖啡館老闆文靜秀麗的千金。他在劇中形容他是有「理想」的畫家，比我大了幾歲，他則描繪我是「秀麗」的千金。可見他愛我之深，我同學葉映紅看了以後說王默人寫周媽媽寫得出神入化。

「我從小就喜歡塗塗抹抹的，不是畫畫就是寫作」，這是我在復興小學同學，現在印第安那州做眼科醫師的張瑞士二〇一二年來舊金山開會採訪我時和我小學的幾位相熟的同學孟兆梅、雷重瑞、金蟬蟬在華埠餐館聚會時告訴我的。

在這段期間，一九七〇年十二月一日在《銀燈》第一期發表短篇〈蕭老頭〉，才開始我的創作生涯。之後由於他的鼓勵，我才大膽地向報刊雜誌投稿。

一九七一年八月於《新文藝》（第一八五期）發表〈候診的夜晚〉，這也是王默人最欣賞的我寫的一部短篇。

一九七一年九月四日於《台灣時報》發表〈圓圈之外〉。

一九七一年十月於《新文藝》（第一八七期）發表〈那個畫畫的女孩〉。
一九七二年七月於中央月刊（第四卷第九期）發表〈喜相逢〉。
一九七二年七月二十一日於《青年戰士報》發表〈明天〉（上）。
一九七二年七月二十二日於《青年戰士報》發表〈明天〉（下）。
一九八〇年二月十四日於青年戰士報發表〈擠車〉。
一九八〇年六月二十二日於青年戰士報發表〈嗨！吹個口哨吧！〉（上）。
一九八〇年六月二十三日於青年戰士報發表〈嗨！吹個口哨吧！〉（下）。
一九八〇年九月六日於中華日報發表〈新開張的服裝店〉（上）。
一九八〇年九月七日於中華日報發表〈新開張的服裝店〉（下）。
一九八〇年九月二十八日於青年戰士報發表〈同學會〉（上）。
一九八〇年九月二十九日於青年戰士報發表〈同學會〉（下）。
一九八一年二月二十日於青年戰士報發表〈網裡網外〉。
一九八一年三月九日於中央日報發表〈理髮店風光〉（上）。
一九八一年三月十日於中央日報發表〈理髮店風光〉（下）。
一九八一年五月二十三日於中華日報發表〈女人心〉（上）。
一九八一年五月二十四日於中華日報發表〈女人心〉（下）。
一九八一年九月十一日於中華日報發表〈脫穎記〉（上）。

一九八一年九月十二日於《中華日報》發表《脫穎記》（下）。
一九八二年七月於《幼獅文藝》第三四三期發表《那片討厭的青春痘》。
一九八三年九月十九日於《青年戰士報》發表《倒會風波》（上）。
一九八三年九月二十日於《青年戰士報》發表《倒會風波》（下）。

這十六篇小說一九八四年五月都收錄於由黎明文化事業公司出版的《女人心》小說集中。

我的兩本報導文學，一本由《聯合報》於一九八〇年十月出版的《藝林春秋》共訪問了中國不同派別知名的二十五位畫家。另一本則由黎明文化事業公司於一九八一年六月出版的《中國新聞從業人員群像》分上下兩集，共訪問了對新聞事業貢獻的三十位新聞工作佼佼者。

雖不是一張亮麗出色的成績單，但也盡心盡力做我份內的新聞工作，毫不鬆懈。

此外，在中廣除參加由名播音員徐謙主持的「空中座談會」外，也受外界邀請了去金門、馬祖、澎湖等軍事要塞採訪，目睹了國軍將士們的如虹士氣，也領會了當地的風土民情。但令我感受最深刻的事，在中華日報跑文教新聞，曾隨當時的教育部長許水德南下屏東去偏遠的山地鄉訪問，那裡住的都是原住民（山地人），窮鄉僻壤，交通極爲不便，生活條件極差，他們卻很好客，邀請我們吃部落裏種的新鮮蔬菜和水果，也在不知情下吃過鄉裏特別爲我們宰殺的狗肉（那是我第一次品嘗到的野味）。

在記者生涯中，也曾吃過許多的山珍海味，譬如鱉、鮒魚，甚至像蟑螂般鮮美的小蟲，所以見聞廣，吃的口味也較複雜。而做影劇記者時，除了在試片室看尚未放映的國片和外國長片外，尚有飯局和牌局，是電影廠商特別招待的，但我從未參加牌局，有麻將或撲克牌，都是變相送錢給記者的。爲何我從未參加過牌局，這是因從小我耳濡目染地看父母爲了搓麻將而吵得面紅耳赤，而且連孩子都懶得管，通宵夜戰，所以我痛恨打麻將。廠商甚至還招待男記者們去北投泡溫泉，有美女投懷送抱，我都一概沒有參加。這是廠商爲討好記者們的所作所爲。

除了在報社作編輯、採訪、資料員外，我也做過廣播記者、工商記者或攝影記者，甚至做過公關、電視策劃等，涉足範圍很廣，但有時也是不得已爲之，爲了生活和生存下去，其中心酸，想起來眞是血淚斑斑，不堪回首。

第二節　三十五年房地產經紀甘苦談

爲什麼我會選擇地產經紀人這個行業呢？而不作股票經紀人呢？

在台北北二女讀初中、高中時就對學校附近那些獨幢的漆成彩色的房屋甚感興趣，也對天母和陽明山的獨幢高級豪宅有所偏愛，因我有一些採訪對象都住在那些我一輩子都嚮往的有風景和私家車道的別墅裡，眞令人羨慕。譬如國策顧問陳立夫住在天母；英文中國郵報的創辦人黃遹霈和余夢燕夫婦住在陽明山。

另一方面是比較自由，不需要上固定九至六時的班，可以自己控制時間，也可照顧家庭。在二十一世紀地產公司任職時，由於兒子王思予尚年幼，我在帶客人看房的途中，常找藉口，以拿房屋的鑰匙爲名，跑回家看兒子是否在家作功課，有時看到他在看電視，就會責罵他，要他抓緊時間做作業。

在做地產經紀人期間，因忙於工作，一九八七年還小產過一次，再加上一九八八年九月王默人拂袖而去，離開了海華電視公司退休在家。這個家就需要我一人撐持下去，不得不加倍努力，在地產界能夠混出名堂，有個立足之地。

一九八七年三月二十六日自作了地產經紀人後，先是參加總公司舉辦的各項培訓課程，因我個人認爲先要學本事，才能在地產界嶄露頭角。

據說，擁有加州地產執照的人多如牛毛，而且每年還有許多人要爭先恐後的擠進來，但眞正能夠在地產界站穩腳跟的而能成爲佼佼者的不到百分之十，所以物競天擇，只有少數人能眞正靠地產維生。

還有人認爲地產經紀人是無本生意。那是錯誤的想法和觀念。地產經紀人必須要有自備的汽車，要付汽車保險費、油費，還有辦公用品如文具、紙張、筆、電腦、電話、表格等必要開支，尙有時間的支出，甚至包括報刊雜誌廣告、待售屋宣傳單、照片、卡和名片和開待售屋門鎖等，連參加地產協會，以前甚至要參加北灣、南灣和舊金山地產協會的月費和年費，都是一筆相當龐大數目的支出，雖說可以報稅，但如果你沒有收入則是不可抵稅的。

在我從事地產行業中，看到許多經紀人都在地產界難以生存，或者沉沉浮浮的，有些甚而改換職業，離開了這條路，能生存下去，靠地產維生的只是少數。

我不能說自己是出類拔萃的。不過我這個人不會氣餒，如果客戶一直忠心耿耿，要我協助買房，百分之九十的生意，我都能完成任務，而那百分之十的搖搖擺擺的買家，你只能見機行事，必要時要狠心地捨棄它，這也是我相處二十多年的同事鮑伯．艾文斯告訴我的，是他的經驗之談，他比我在地產界的資歷還要久，他現年近八十還退而不休，依然靠這行維生，可見他道行之高。

賣房子也是如此，也要有鍥而不捨的精神，堅持做房屋的開放和經紀人的開放日，如市道不好時，還要說服賣主降價才能售出，甚至要玩些花樣，用些點子才能奏效。

在二十一世紀地產公司，從一九八七年第三季開始十月份我就獲得了總公司頒發的舊金山灣區成就獎（San Francisco Peninsula Broker Council Presents this Certificate of Achievement to Anne chou）和頂尖經紀人（Top Producer）；一九八八年七月第二季也獲此獎，而十月份更獲頒高級經紀人Career Tank Program（VIP Sales Associate）；一九八九年第一季度六月獲公司瑪莉．布朗頒發的成就獎（Certificate Of Achievement）；一九八九年更獲得國際金獎（International Gold Associate）；並於一九九一、一九九二和一九九三年連續三年獲得重要俱樂部成就獎（A Masters Club Certification of Achievement），除獎狀外，尚贈送我十四K金的獎章（14KT Club Lapel Pin）一枚。

連鎖廿一世紀地產公司的總公司頒發給周安儀14k金的獎章。

Certificate of Achievement Awardees

Century 21 AAA - Glenen Grivas, Linda Johnstone, Peter Tammaro.
Century 21 AAPEX - Maggie Ang, Perla Nubla, Mike Ma, Mark Benson, Marilou Atencio, Ben Adona, Glenn Sennett, Ben Coh, Teresa Sol, Florence Monzach, Charles Hayes, Flor Dimaoala, Yee Wan Cuan, Marie King.
Century 21 Alta - Fraser Acheson, Rich Polanski, Frederico Ribeiro.
Century 21 AALPHA - Addel Arlamo, Ake Carrion, Moti Jhangiani.
Century 21 Alpha Pacific -Ed Tangitau.
Century 21 Baldini -Dean Cimino, Nancy Yee, Velma Cavalcanti, Bobby Diaz, Ileana Remigi, Mario Florece, Les Candee.
Century 21 Best -Arden Intengan.
Century 21 C & R -Prabha Kapur,Gurdip Gujral.
Century 21 City Center -(D.C.) Kalam Tin.
Century 21 City Center - (Belmont) Curtis Robertson.
Century 21 City Properties -Anne Chou, Ken Menasco.
Century 21 C.O.M.P.A.S.S. -Consor Buisan, Rissa Stella, Lizabella C. Soto.
Century 21 Dynasty -Michael Chan.
Century 21 Elegant Homes -Pio Torneros.
Century 21 Excellent Homes -Wynema Ratto, Henry Hongnian Li, Louis Carvana.
Century 21 Gable -Ted McCann.
Century 21 Gateway -Jack Roces.
Century 21 Herd & Co. -Myrna Reyes, Elvira Armas, Reeta Ganju, Lana Ingco, Christine Lee, John Lee, Rolly Recio, Judy Romanenkov, Daisy Tsang, Irene Zavadsky.
Century 21 J.F. Finnegan -Patrick Cheng, Alba Lopez, Angela Cheong, Betty Forsberg, Daniel Chim, Rowena Labson, Tony Puey, Ernie Austria, Therese Finnegan, Jorge Maldonado, Bill Bumanglag, Marat Kogan, Ador Calantog, Carmen Tabarez, Raul Riego.
Century 21 Mutual -Jon Carman, Clark Plehiers, Denis Letelier.
Century 21 Sunset -Sally Rignholt, Fred Grofzkruger, Joan Andre, Flo Purcell, Molly Martin.
Century 21 Super -Ben Santos, Norman Valdellon.
Century 21 Tower -Joe Santos, Aleli Suguitan, Richard Yee, Henry Fatich, Fred Santiago.
Century 21 Towne -Beth Anderson, Judy Laura, Antonio Juan.
Century 21 Vision -Larry Tse, Michael J. Anthony, Fernando Fasquelle, Zon Chu, Nellie Segundo, Polina De-Levi, Peggy Wong, Gladys Johnson.

Century 21®

S.F. / PENNINSULA BROKERS COUNCIL

Welcomes You
To The
1988
SALES RALLY

Time: 9:00 a.m. - 12:00 Noon

Date: July 20, 1988

Venue: AmFac Hotel
1380 Old Bayshore Blvd.
Burlingame, CA 94010

1988 Sales Rally，周安儀獲表揚。

Century 21.

Masters Program

A Masters Club
Certificate of Achievement

is
Presented to

An Yi Chou

For consistent high production, quality service and
dedication to the CENTURY 21® system and
for achieving the level of

Masters

Regional Director

1993
Date

周安儀獲Century 21 Masters Program褒揚。

同時我還參加了一九八八年七月二十日總公司在灣區柏林甘布（Burlingame）旅館（AmFac Hotel）舉行的慶功會。以及一九八九年五月五日舉行的慶功會，我是一九八九年二十一世紀者之一（1989 Centurians!）。

那間地產公司也是一間小型的聯合國，有俄裔的經紀人（占大多數）、希臘裔的、德裔的、瑞典裔、華裔的、愛爾蘭裔的和菲裔的和非裔的，前後進進出出的，也只有十幾位經紀人，再加上半工做接待員的法蘭克、諾雷斯（Frank Norris）一九九四年勞工節前夕，他平靜地死在辦公室的那張他坐的椅子上，也眞算是爲公司鞠躬盡瘁了。

在那時女老闆法裔的瑪莉．布朗，自己從來不作生意，而是靠經紀人抽成所得來營生的。因此那間二十一世紀的分公司生意並不興旺，不過由於每位經紀人都拼命努力作生意，也就能夠勉強維持下去。

在我印象中，華裔的經紀人只有三或四位包括我在內，一位是歐妮泰．陳（Anita Chan），她原本在香港做護士，先生在舊金山開業做醫生，家境較好，她是兼差的經紀人，另一位是大衛．黃（David Huynh），現仍然在一間連鎖公司做經紀人。

我當時是那間公司紅牌的經紀人，業績比那些白人經紀人還做得有聲有色，但法裔的女老闆歧視亞裔，喜歡用白人，而且最後她提拔那位丹尼爾．肯尼迪已是二進二出的老人，而且他生意作得並不好，大部分是專作小額的出租生意，再加上他不會待人處事，所以在一九九四年年底我才會負氣不幹。

本來我只想在家一人做生意，不料那間二十一世紀的先後同事們大部分都想投靠我，我只好勉爲其難地讓他們歸隊，開了長菁實業公司。

因我是從連鎖公司出來的，所以我並不想加入連鎖公司行列，但不加入連鎖公司就得靠自己培訓新人出道，而有些已經作得很出色的經紀人就不會加入我們的行列，就只能愈發靠自己打拼才能生存。

在公司，只有鮑伯．艾文斯做得最好，甚至有一年他曾淨拿三十五萬元的佣金，而做二牌的西裔的英格麗．桑切斯，本來也幹得有聲有色，後來她爲公司帶來麻煩，吃上官司，公司還賠了五千元，再加上她又搬遷到北灣諾瓦特市（Novato）我才把執照還給她。

我也學以前的那間地產公司，只要公司的經紀人能賣掉百萬元以上的房屋或投資樓宇，在年終時就領發特別訂製的木質獎牌（百萬經紀）給他們作爲獎勵，這也是依樣畫葫蘆，其中得到獎勵的經紀人有鮑伯．艾文斯、約翰．卡昆達（John Quqanda）、麥克．薩提雷爾（Michael Sotiriou）、馬玉星（Mason Ma）和勞倫斯．吳（Lawrence Ng）等。

公司裝了十條電話線，從四一五-六八二-二八八〇至六八二-二八九二；並沒有包括六八二-二八八一及八二、八四、八五和八七。尚有傳眞機、電腦、會議室和DSL專線。同時也爲所有的經紀人保了工傷保險和E&O保險（這是爲防止訴訟爲每個交吉的房產所買的保險）以防萬一有事發生，有二十四小時的律師專線可以保護經紀人的權益。

大約二〇〇四至〇五年間，灣區無限第二十六台KTSF頻道國語新聞記者黃河和粵語記者梁翠珊曾到過我的二一二四泰勒維爾街採訪我談灣區地產市場行情，並拍攝我辦公室門口放在白色塑膠架上待售屋的照片，以後談及房屋市場，他們就以這些照片作爲藍圖或參考放在螢光幕上。

由於同事們大家的努力，長菁實業公司業務蒸蒸日上。

王默人和我也在這段地產景氣的市道內，買了不少的房屋也交換或賣出了我們的一些投資房屋，作了樓盤修整的工作。

自一九九七年六月我們買了外米慎區三一○○至三一○二聖荷西街後，我們就開始向房屋市場進軍。所有的買賣均是由我作地產經紀人，但是由王默人決定最終的買賣權，我只是帶領他看房而已。對於房屋買賣，他有獨到的看法，他尤其喜歡轉角的樓宇，又光亮，且造型又美觀，凡是他看中的房子，都萬無一失，幢幢都賺錢，賺得盆滿缽滿。

聖荷西街房我們在二○○一年一月賣出後，在同年二月，交換了一幢在三三○○至三三○八的二十六街轉角商住兩用六個單位全價買進的投資公寓。

一九九八年我們將奧特加街賣出後，總共交換了一幢在Bernal Height區三九三三米慎街（Mission St）三層四單位和買進一幢用奧特加街貸款出來的現金在帝利市一○○五至一○一一號邦士衛克街（Brunswick St）轉角三層四單位有四個單獨車位的投資樓宇。

一九九八年同時買進了現在泰勒維爾街的辦公室。

二○○一年四月又買進南三藩市兩個各兩睡一浴空置單位三三六至三四○A街，等作少許整修後，我們分別租了兩個白人家庭住客，結果樓上的白人住客（貨車司機）兩年後不付錢，只好請律師趕走，也是我們幸運，搬遷後於二○○三年底賣出，二○○四年二月又交換了一幢在外米慎區四二○○號米慎街六單位五車位商住兩用轉角三層公寓；而買了南三藩市A街兩單位的買家在二○○六年賣出時卻賠了本，又作了我們的替死鬼，我們又躲過了這一劫。

二〇〇二年我們又用賺來的佣金買了帝利市一五二號學校街（School St）四單位公寓。

二〇〇四年十月底用賺來的餘錢又買了最後一幢在帝利市兩單位各兩睡一浴有兩個雙車位的維多利亞式投資房，是一幢要大肆裝修的房屋，稍事整修後，租了兩個家庭的墨裔住客。

這時我們已擁有七幢包括辦公室在內的投資樓宇，三幢在帝利市，四幢在舊金山市，連住家在內，共擁有八幢房產。要管理三十多個住客，眞是分身乏術。

從二〇〇八年房屋市場爆發金融危機，至二〇一四年房屋市場才稍有起色前，我們沒有買房，也沒有賣房，所以躲過了當時長達七年的金融海嘯，眞是我倆的幸運。

而我的許多客人並沒有如我們這般地幸運，有一個客人在股市熊市時賣掉了股票，賠了本；且在房市走低時又賠本賣掉了投資房，只好回市府打工。更有一位客人，由於當初四幢房均是以百分之二十頭款買來的，要向銀行借貸百分之八十的貸款，而租金收入並不高，每月尚要從口袋裡拿出錢來補貼，即使他打兩份工也彌補不了虧空，後來又加上住客不付租，房屋要修理種種因素，實在頂不下來了，眞是所謂的寅吃卯糧。起先親戚還借他補錢，後來不能熬下去了，四幢房屋先後被銀行回收，幾乎要破產，信用也降至谷底，眞是淒慘到了極點，難怪這段時間有人想不開到要跳樓自殺的地步。

由於公司業績好，每到聖誕佳節，我都會邀請轄下的經紀人去中外合璧的中餐廳聚餐以示慶祝，而鮑伯．艾文斯也會帶太太參加，其他同仁也帶眷屬參加，王默人也會陪同我一塊去，大家都愉快地歡慶佳節，而鮑伯．艾文斯也會邀請我們到他家慶祝元旦佳節，其樂融融。

第三節　退休後重拾筆桿，寫小說調劑身心

二〇一三年成立了我們世界華文文學獎基金會，二〇一四年開始我賣出了七幢房，分別捐給台灣清華大學和中國北京大學，成立了我們的文學講座和世界華文文學獎後，二〇一五年三月十五日等辦公室賣出交吉後，我就宣告退休，把所有的執照都還給了全職或半職的轄下經紀人，並把一些生財用具搬回自己樓下的家，作爲辦公室，開始過著半退休的家庭生活。

在退休前，有一天坐在早餐廳裡和王默人閒聊，我抬起頭深深地望向他：「你看——如果我退休後，在家無聊，你認爲我應該重拾畫筆，還是學你寫小說呢？」

他沉吟了一會：「畫畫，也是一件好事，但是你畫了畫，要裱起來或加框才能送人，不是又要花錢嗎？你已經退休了，拿政府的退休金度日，不能像以前一樣，要省著點用。」

他接下去：「我看這樣吧！不如你寫小說。你以前不是老吵著要寫小說。再說——你客人的那些故事，你可能寫都寫不完呢？」

因以前作經紀人時，常回家和他訴苦，他聽都聽煩了，也聽膩了，尤其客人常打電話回家給我，好像我是個萬事通，現代的諸葛亮，還要幫他們解決家中突發的問題，譬如兒子結婚了，是否要加媳婦的名字，或者不知遺產如何分配等問題，而且這些都是我們所謂的售後服務，是不能收錢的，是屬於免費諮詢的。他告訴我說：「這就是人性。」你只要把你客人所遭遇到買房賣屋那種貪婪小氣，或者弄得家庭失和這種事情寫出來，不就是一篇好的小說題材嗎？

我這才恍然大悟，原來我周遭的人都可以作爲我小說中的人物，眞眞假假，假假眞眞，有何不可。那不是我就有說之不完，取之不竭，用之不盡的現成而豐富的題材了。那可眞是篇篇精彩，寫也寫不完啊！

他的一席話，提醒了我這位夢中人。

所以在二〇一五年中旬，賣掉了已賺錢的所有的投資股票和這兩年來買賣自己七幢樓宇的佣金和那年賺來的三個佣金湊齊後，全用現款買了一幢在自家附近一三八三至一三八五號位於三十七街的兩單位各兩睡一浴的有海景的公寓作爲退休後的收入，因我倆的社會安全金僅三千多元，不夠家用。

後來那兩單位公寓也在二〇二一年七月賣出，全數金額連兩年的租金總共一百五十萬美元分三次捐給了台灣清華大學，作興建王默人周安儀文學館的資金。

從二〇一五年的夏天，我就開始在家筆耕不輟。先是用小的筆記本來書寫，再謄在稿紙上，往往是寫了之後，自己不滿意，又撕掉，再重寫。每天都在想該怎麼下筆，眞是有點走火入魔。茶不思，飯不想的，不知該如何著手。

後來我想到幾乎每一個男人對女人都是抱著「吃在碗裡，看在鍋裡」的這種慾望，於是就想用這個題材去寫一篇短篇——「趙里文的一天」就這樣誕生了。

已經三十一年沒有動筆過，連我在台灣帶來的父親在我考取大學送我的那支派克鋼筆（Parker 21型）銀色筆套搭配朱紅色的筆筒，是美國製造的，再加上相配黑白紙盒包裝的墨水瓶仍躺在我的抽屜裡，我就拿出來把玩，看起來也生鏽了，但也捨不得用，我記得當年那支銀筆價値不菲。

構思了幾天，終於動筆了，一下筆似乎靈感泉湧，不出一星期就完稿了，連王默人也覺得驚訝。我依稀記得短篇小說故事最好能在一天完成，所以我就濃縮，把一些發生的事情都集中在一天出現。但寫完後，我並不滿意，一再地改稿，終於在八月卅日完成改稿，算是定稿了。

在台灣，就是成婚後，王默人也不會看我的小說，更不會爲我改稿，他認爲這是我的事，與他無關，何況他也沒有時間。

但這次，是由於他的鼓勵，我才再度拾筆。所以他要我仔細觀察周圍的環境，體驗你附近人物的動態，下筆要非常地愼重，而且每篇小說應該有主題和思想，但最重要的要用文字生動地表達出來，用動作去刻劃人物，而非用述說，就像看電影一樣，要有動作，一幕又一幕連接起來的動畫，才不致冷場，更不會枯燥無味。

我個人認爲寫小說是要有天分的，七分天才，三分努力，才可寫出一篇好的作品。且我功力不如他深厚，而且讀的書也沒有他涉足的那麼廣闊。所以有空在家，就開始研讀他的小說，或者是看豎立在書架上那些翻譯小說，希望能對我有所幫助，啓發我的創作動力。

我已經到了不踰矩的年齡，寶刀已老，已力不從心。但是我既然想走這條路，絕不能半途而廢，我廢寢忘食地每天在家中的早餐廳裡，不管早上、下午或晚間也不論晴雨天，只要有空就攤開稿紙，對著稿紙發呆，甚至早上在家運動，騎在那輛在兒子房間裡的腳踏車上，腳一擺一動的，我仍然想著我筆下的那些人物，甚至手裡還拿著小記事本，一面踩著車，一邊寫著，像入了魔似的，一發不可收拾。

寫完了一篇又一篇，又遭遇到難題，我想該如何發表？我就打長途電話給在紐約的大學同學葉映紅，她和夫婿雲大植（也是政大同學）已從《世界日報》退休，她發了電郵給我：「現台灣副刊早已不刊載小說，尤其是長篇小說。就是《世界日報》也只要三千字的迷你小說；何況你又不會打字，都是用手寫的，沒有一份報紙會刊登你的小說。」她眞是狠狠地澆了我一盤冷水。

我就央求她爲我打字，她打了我兩個短篇後，就對我說：「可能你電腦有問題，爲什麼電郵來的稿子都是斜斜的，看起來較爲吃力，打起字來更費力。」

她這樣說，我想她是義務幫忙，不收錢，我就識趣的不好再麻煩她爲我打字。

王默人知道我的處境後，要我直接向台灣報章雜誌投稿，而我另一位小學同學孟兆梅剛好從洛杉磯到舊金山和我們幾個在舊金山的同學聚在一起吃飯，她對我說：「我看看，有什麼辦法把你的短篇小說推銷出去。」她也送了台灣報紙的網站給我。我在家搜索的結果，眞的台灣報紙的副刊消失了，也沒有副刊了，就是有小說，也是極短篇的。非常精簡的那類小說。而大部分的小說是由出版社直接出版的。

在走投無路之下，王默人建議我，不妨向台灣清華大學試試看，也許他們願意爲你出版。所以我就厚著臉皮寫了一封電郵給清大校長賀陳弘，未料到賀陳弘校長不僅願意爲我出版，還同意爲我寫序文，眞是爲我解決了我目前最棘手的問題，我的第二本小說「相見不如不見」，就這樣因應而生了。

這本小說集「相見不如不見」；發行人賀陳弘、社長戴念華、行政編輯鄧立婷、董雅芳，於二〇一七年二月問世；定價新台幣三百元，後又再版，而中國北京大學得到台灣國立清華大學授權後，也於二〇二〇年三月出簡體字版，由北京大學出版社出版發行，並由北大中文系系主任陳曉明寫序，我也寫了後記；責任編輯朱房煦，定價四十九元人民幣。

這次是我來美後首次再出版寫的第一本小說，共收錄了〈遊戲人間的白薔薇〉、〈卡拉·葛西亞與黃蘇珊的兩人世界〉、〈王瑪麗的繼承人〉、〈綠卡的故事〉、〈隔壁的那個老處女〉、〈倪曉東最後的夏天〉、〈那個煩悶的秋天〉、〈雲層裡的一線曙光〉、〈趙里文的一天〉、〈夫妻之爭〉、〈不務正業的方會計師〉、〈三把刀的心路歷程〉、〈接班人〉、〈相見不如不見〉、〈小氣財神〉、〈團圓飯〉、〈敗家子〉、〈心魔〉、〈兩條平行線〉、〈小天井裏的那對鴿子〉，共二十個短篇在內。

當我二〇一七年初收到台灣清大寄給我的幾本樣本時，我很興奮地將這本書像獻寶似拿給王默人看，過了幾天，他告訴我：「周安儀，你其中有幾篇寫的眞像，我感覺你不就是寫你的那幾個客人嗎？」我笑笑說：「你還眞能看得出來，算你道行高，厲害！」他聽了我給他戴的高帽子，笑逐顏開。因爲他已經開了眼部手術——白內障，眼力如前，難怪會如此地打趣我，其實我只是捕風捉影，並不盡然寫我的客戶，就是寫也是加油添醋一番。

有了他的誇讚，又有清大賀陳弘校長的鼎力支持，我的題材源源不斷，甚至半夜起來披件毛衣坐在早餐廳桌上挑燈夜戰。那寫作的震盪力到了沸點，接二連三又寫了《前浪和後浪》和《搏》兩本小說，二〇二三年中清大尙要出版我的第四本小說《似水流年》。

第二本《前浪和後浪》是二〇一八年夏天開始寫起的，直到二〇一九年二月才完稿；由清大於二〇二〇年一月出版，賀陳弘校長爲我寫序文。發行人賀陳弘、社長戴念華、行政編輯王小梅、責任編輯鄧立婷，定價仍爲新台幣三百元。

這本小說共收入了〈詐〉、〈前浪和後浪〉、〈釣魚〉、〈搖錢樹〉、〈六十歲〉、〈炒〉、〈煮熟的鴨子飛了〉、〈重逢〉、〈鬼門關〉、〈那顆綠寶石的戒子〉、〈兩個媽媽〉、〈八十大壽〉、〈天才與低能〉、〈黑名單〉、〈老年危機〉、〈好與壞〉、〈隔閡〉、〈黑與白〉共十八個短篇。並寫了一篇「後記」，說明了我從小就喜歡塗塗抹抹地，五十年過去了，對文學的熱愛一如既往，沒有任何改變，不管在茶樓酒肆、同學會、人們互動的場所，我都喜歡靜靜地坐在一旁觀察人性，我看到了他們善良的一面，同時也看到了他們醜陋的一面，但仍如以往單純的我會默默地記下他們的一舉一動，作爲我以後寫小說的題材。這也就是我的寫照。

二〇二〇年初這本小說出版後，我也拿給了王默人看，這次王默人只翻了翻，挑選了其中幾篇看了看，也沒說些什麼，因這時他精力已不如前。

從二〇一九年八月開始，我又再接再厲寫了小說集《搏》，直到二〇二〇年六月才完稿，因我加了新寫的四篇〈搖擺〉、〈恐慌〉、〈金婚〉和〈正義〉，由於新冠疫情肆虐，舊金山封城，因應當前情勢，所以才加了四個短篇，本來可於二〇二〇年一月完稿的。

王默人看我馬不停蹄地趕稿，有些心疼，但他並沒有說出來。尤其「搖擺」那一篇是寫我自己的客人買了我三十七街投資房（要捐清大興建文學館的兩單位）又反悔不買的故事。當時因買家工作太忙，常要晚上八時才能前去他在帝利市鬧區的家，停車困難，每每弄到半夜三更才回來，他不放心，總是點著燈要等我回家才入睡，我也很是氣憤，不知如何是好，心情低落到冰點。

這本《搏》也是難產，因爲其中幾篇寫到「性」的問題較爲露骨，因尺度關係，送台灣當局審批，所以做了少許修正，雖作了少許修正，才通過審核，因此王默人沒有看見這本書的問世。就離開人間走了，沒有再回來。

這本書也是由台灣清大出版的，仍由賀陳弘校長寫序文，於二〇二一年十二月出版。發行人賀陳弘、社長戴念華、行政編輯劉立葳、責任編輯許宸碩、鄧立婷。定價則爲新台幣三百五十元，並在封面貼了一個顯明的標籤：「限制級未滿十八歲之人不得閱聽。」眞是醒目。

小說集《搏》共收入了〈生日饗宴〉、〈引狼入室〉、〈姻親的苦惱〉、〈燙手山芋〉、〈求助無門〉、〈情與慾〉、〈出人頭地〉、〈搏〉、〈年輕人的煩惱〉、〈婚姻的媒介場所〉、〈上流、中流和下流〉、〈抉擇〉、〈斂財新法〉、〈生與死〉、〈害群之馬〉和〈挖掘〉，並加了後寫的〈搖擺〉、〈恐慌〉、〈金婚〉和〈正義〉四篇共計二十篇。

二〇二三年七月出版的第四

周安儀近年著作。

本小說集〈似水流年〉，也是我歷經心血的作品，它也收錄了我二十個短篇，包括〈十年之癢〉、〈同性戀者〉、〈工作狂〉、〈亂倫〉、〈隔壁的那個印第安人家庭〉、〈同歸於盡〉、〈夏日之戀〉、〈死後鴛鴦〉、〈潘美拉終於瘋了〉、〈投機者〉、〈似水流年〉、〈騙子奇譚〉、〈笨鳥慢飛〉、〈一項交易〉、〈空〉、〈等〉、〈一粒壞蘋果〉、〈鴻門宴〉、〈紅杏出牆〉和〈喪妻之痛〉，也是屬於限制級。

這本小說集是我在二〇二〇年六月份動筆的，剛好是新冠病毒的漫延全球之際，而美國舊金山已經在同年三月十七日宣告封城，地產市道也因病毒的影響，不能進行實體房屋的開放，多半是以視頻方式讓買家可以看清房屋的全貌，在這種困境下，我只好窩居在家，以寫小說來打發日子。王默人也受到了影響，失去了他在外面用餐的快樂，而我們家庭醫師羅賓斯又因他的糖尿病，禁止他飲烈酒，並每六個月要他作身體和驗血檢查，所以他不敢喝烈酒，只好喝米酒，就這樣他被剝奪了連一般市井小民所擁有的基本嗜好和樂趣，在家變得苦悶而焦躁不安。不知什麼時候才能解封。

喜歡吃海鮮的王默人在台他愛吃豆瓣魚，在美他最愛吃的是廣東菜餚中的豆椒蒸鉗魚，經濟而實惠。當然偶爾也會叫清蒸盲鰽和石斑魚來解饞，甚至龍蝦或螃蟹，或者下酒菜豆瓣魚尾、砂鍋魚頭、清炒蝦仁、椒鹽蝦之類，他都吃的津津有味，百吃不厭，但實施居家令後，餐館不准堂食。我無奈之下就把豆椒蒸鉗魚、薑蔥龍蝦等外賣回家，由於開車，停車一來一往，回到家這些海鮮食物都涼了，等再熱時味道就變了，他也就失去了吃海鮮的愛好。我只好勉強下廚作，因家裡是電爐，爐灶也不像餐館那樣地旺火，燒出來或蒸起來的清蒸魚就沒有同餐館作的那般鮮香入味可口。

由於買不到防疫用品，我在家利用一些剩餘的布料做了些口罩，除了我倆自用外，我還挨家挨戶去送給我一些同我買賣多次的老客戶們口罩，以飲水思源，湧泉相報，王默人也很支持我的這種感恩的作法。

這時我也變得足不出戶。要是出門，一定要去幾間超市，盡量把民生用品備齊，以防不時之需。疫情期間，在家裡埋頭寫作，坐在早餐廳裡下午空閒時，他常陪我，坐在我對面，看著我搖筆桿。他曾對我說：「如果我體力好一點，我想寫一篇大型的鉅作。但我想寫的作品，不僅在美國不會容許我發表、甚至中國和台灣更不會刊登。」他說的是眞話。

我贊成他的這種論調，因爲這個世界實在是太醜陋了，大家都爾虞我詐，勾心鬥角的，自私自利，才會有戰爭和種種災難的發生。使地球跳動著永不停歇。

本來第十八篇「鴻門宴」已在二〇二〇年十月六日完稿，但我心血來潮就加寫了「紅杏出牆」在二〇二一年十二月十四日完稿，接著靈感大發，又加寫了「喪妻之痛」在二〇二一年十二月十八日定稿。

第四本書出版後，我想封筆不寫了，不料台灣清華大學邀約我寫「王默人傳記」的生活部分，而「王默人自傳」原先是由清大前台研所所長陳建忠夫人吳桂枝女士於二〇一八年八月來美探視我們時提出的構想，當時王默人一口回絕，他這人不太愛出風頭，也不太喜歡自我表現和宣傳，所以「王默人自傳」就不了了之；但自從他於二〇二〇年底十二月三十日因心臟病發作在家中去世後，吳桂枝又舊事重提，我勉爲其難的答應下來，結果寫了草稿後，發現有許多篇章應該是屬於我的部分，才有了我寫「周安儀回憶錄」的想法，至於王默人學術上的成就仍由吳桂枝教授執筆，因自始至終她都是這本書的始作甬者。

第七章 我一生中最遺憾的事

第一節　一封寄不出去訪問陳永明的錄音帶

我政大相交甚好的大學同學陳永明自從一九八〇年代她在俄亥俄州哥倫布市（Columbus Ohio）嫁給一位經營餐館的黃先生後（Grace Hang）就失去了聯絡，杳無蹤影，我來美後曾打過無數次電話給她（她曾留下在美地址和電話給我，現仍存在我咖啡色的小記事簿裡）。

在大學時，她長得有一張現在流行的馬臉，喜歡梳一兩條麻花辮子，雙眼皮下的眼睛炯炯有神，表現相當出色的一個女孩。也是系裡的女狀元，參加演講比賽，永遠是第一名，風頭之健，是班裡數一數二的人物，由於她家住在建國南路，距我家東門町很近，來往較密切，再加上陳媽媽是單親，雍容華貴，高雅大方，住在富有的伯伯家就近照顧。她喜歡和我一起聊天，非常健談，大學畢業後就被中國廣播公司網羅，也是我先後期的同事，後來赴美留學，在回台時候，一九七二年當我和王默人離開台灣時報回台北時，她曾來我家爲我親自化妝，才會在照相館拍了一張我穿著婚紗的結婚照。

大約在一九七八年或八〇年間，她回台探親，我爲了感謝她，所以在中廣公司錄音室訪問她，錄音帶我答應要寄給她或親自送給她，她並承諾我，如果我來美，她會帶我四處遊玩，但我的夢想卻落空了，而她對我的諾言也成了謊言，永遠不能兌現，現這卷錄音帶還放置在我家中的抽屜裡。

在上大學時，她喜歡班上的一位長得英俊個兒較爲矮小的那位男同學，有一次在她家作客時，突然電話鈴聲大作，她搶著去接，結果是找她媽媽的電話，她一臉的失望和失落，當時我爲她的那份單相思所感動，很想把她的故事寫下來，但始終未能下筆，但後來兩人各有所愛，勞燕分飛，我想這也許是她婚姻不幸福的伏筆，才使她不願同任何人聯絡和來往吧！消失得無影無蹤。

第二節　我的小產

那是發生在一九八七年的春天，我剛考取地產經紀人執照不久，正在列治文區基利街的二十一世紀實業公司工作時，爲了趕時間，途經二十五街經巴布瓦街（Balboa）往下走到卡布里羅街（Cabrillo），由於是下坡路車速太快，燈號已經由黃燈轉爲紅燈，我來不及煞車，撞上了前面的一輛韓裔女士的座車，當時我開的是一輛二手車是在日落大道上花一千元美元買的深藍色的雪佛蘭車（Chevrolet），那也是我第一次交通事故。韓裔女士打電話給警察局，警察就叫了一輛救護車，她上了救護車，我則沒有上救護車（警察要我上，我搖頭說沒有事），結果我的保險公司（AAA汽車協會）賠償了她的損失，而我的車保險公司也負責修理，未料沒過多久，我又發生了第二起車禍，同樣是在二十五街附近發生的，我上行從金門公園過富騰街（Fulton）經二十五街到公司去，那是一個三叉路口，我的車在右線道上，未料左線道上一對白人老夫妻換線時，從背後撞上了我，結果他們的保險公司賠了我八百美元，我還很是高興，那時我卻不知自己懷孕，因工作太忙，一心想作好業績，再加上受了點風寒，買了一些感冒成藥吃，竟然在家裡的馬桶上廁所時，流了大量的血，把未成形的胎兒都流出來了。我嚇得臉色發青，趕緊打電話給正在海華電視工作的王默人，他就帶了海華電視公司老闆吳育庭和吳太太一塊開了一輛廂型的suv 車送我到舊金山總醫院。

一九八七年春天，我倆很窮困，並沒有買醫療保險。我在醫院裡躺了三天三夜，白人醫師尙要觀察我的情況才允許我出院。我們聽了朋友的建議，向政府申請醫療補助，政府查到我們有兩幢房（一九八六年買了另一幢在四十八街的出租房）不合資格。住院三天總共欠了政府三千多元的醫療費，後來還是靠分期付款。六個月內才還清這筆高昂的帳單。

當小產時，我身體很虛弱，也沒有錢進補。每天晚上，我睡覺時都會在床頭前看到一團小小的黑影，是那個流產的孩兒坐在那兒看著我。如果早知道我懷孕，那對撞我的白人老夫妻的保險公司會賠償更多的金額，那我的醫療費就不成問題，後來我相熟常用的一位貨款經紀人麥克．徐（Micheal Hsu），他懷孕的菲律賓裔太太在高速公路上被撞，我聽說對方的汽車公司賠償了她十萬美元。眞是怪我自己粗心大意，事後我懊惱不已，如果孩子不夭折生下來，今年也已三十五歲了。

事後，王默人狠狠地說了我一頓：「你不是生過孩子嗎？竟然不知道自己懷孕？你還配作個母親嗎？」我心情壞到了極點，就頂了過去：「你不是說活在這個世界太辛苦了、太殘忍了嗎？——你不是只要一個孩子就足夠了，不要我再生第二個孩子。」

他一看見我眞的動了氣，就軟化了，連忙安慰我說：「以前我是那樣想的，但是你既然懷了孕，就該把孩子生下來，因爲孩子是無辜的。那你不是間接地扼殺了一條小生命嗎？」

他又看我虛弱的樣子，講話有氣無力的，不忍心指責我，我也沒有說話再反駁。但是我心裡很清楚，他雖然原諒了我的粗心大意，但是我這一輩子卻不能原諒自己的過失，如果那時我可以順產的話，那我年老時就有另一個孩子可以陪伴我。這都是我的過錯，上天注定我今生只有一個親生的兒子，可追悔已晚，現在想起來仍然心痛不已。

第三節　未能參加父親的喪禮

我記得小時父親是最疼愛我的一個，因我長得像父親，有一張豐滿的嘴唇和美人尖，但大部分像父親的缺點，皮膚較黑，而不像母親的美貌，有著白皙的皮膚和雙眼皮，但卻遺傳母親中等嬌俏的身材和圓圓的臉，不若父親高大英俊還有一張長長的馬臉，我三個弟弟都遺傳了父親高瘦的身材。各個都長得玉樹臨風，風姿翩翩。

父親小時候常抱著我，也喜歡我的繪畫天份。在家裡，所有事情大部分都是由母親做主，因她較爲精明能幹，而父親則是忠厚老實誠懇，他多半順著或遷就母親。

自從我叛逆嫁給了王默人之後，婚後與父母親的關係就變得剪不斷理還亂，斷斷續續的往來著。而王默人爲著我，對僅大他十二歲的我的父母親仍然很是尊重，跟著我喊「爸媽」，有時他們對他也不理不睬的，認爲他是一個窮書生，配不上我這個他們心目中的寶貝女兒，加上又離過婚，還有一個拖油瓶的女兒，雖然無可奈何，但也只好勉強承認這個年紀較大的女婿。

婚後，自我和父母和好如初後，母親認爲她這輩子是輸定了，由於女兒的不聽話，選擇自由戀愛，產生了許多的隔閡和不快。我個人並不認爲如此，我認爲是母親的自私自利，以自我爲中心才造成母女之間的疏離，而夾在中間的父親更是左右爲難，不知該幫太太，還是應倒向女兒。

以前在我家舖頭，都是我負責管帳和收錢。自從出嫁後，爲避嫌，我就盡量不坐在櫃檯前收帳。我記得一九七二年初春那時剛回台北，回去看父母，我想向一直疼愛我的父親要三百元買一個衣櫥，當時我們在台北租房子，因我尚未找到工作，連一個塑膠衣櫥都買不起，我厚著臉皮向父親討要，我父親卻裝作沒有聽見，我就快快不樂，從此再也沒向父母開過口，以後我曾經向母親提及此事，還帶著恨恨地語氣對母親說：「如果當時爸爸給了我三百元，我會把他的喪禮辦得更爲風光些。」其實這也是我的一句氣話，一句小孩或女兒不該說的話，可見我的愛恨如此地分明，至今仍懷恨在心，耿耿於懷。

一九七四年，我倆工作安定後，在我們準備買房子想要生個孩子時，剛好父母的一間投資房屋在公館附近的住客搬家，父親就提議以當年買的原價賣給我們，我很興奮，就提了五萬元的現款交給父親，未料過一兩個月，我回家去拿鑰匙，母親卻反悔了，並且當著兩位舖頭的伙計面前。感到自己很難堪，我氣得就反臉把五萬元討了回來。事前我曾將此事告訴給王默人，他曾經向我澆了一盤冷水：「你最好不要和你父母有任何金錢來往，我看你一定會吃虧的。」我偏不信邪，結果還是我吃了虧，因台北的房價正在節節上升，而由於耽誤了一段時日，已經買不回我們曾經向建築商預定的那幢公寓了。

拿回了五萬元，我就氣憤地、頭也不回地揚長而去。

因那段時間，他看中了一幢在福德街附近新蓋的公寓，爲了買父母的房，只好忍痛地退掉了。我們買房的夢想就泡湯，毀在父母手裡了，而父親的承諾也變成了謊言。

我把五萬元拿回家中，他就埋怨我，說不該聽信父母的話，因他們是唯利是圖的商人，怎麼會照原價賣給你呢？你太天眞，所以才會受騙。

我受父母的騙，不僅是這一次，還有許多次，因我耳朵太軟，眞是太天眞了，總是把別人的話當眞。王默人曾一再地對我說：「你父母對你是如此，別人對你不好，你就不要再計較了！」，這句話眞是金玉良言，我永遠會記得。而且一輩子受用。

在美國，一九八七年我剛出道時，母親就想把在佛利蒙市，原先給么弟周安寶住的那幢全新買來四睡三浴的獨立房交給我賣，她對我說：「我已問過本地的經紀人，他們只收佣金四成，如果交給你賣，也只能給四成的佣金。」

我仔細考慮過後，覺得並不划算，因爲從舊金山到佛利蒙市，不是要經過海灣大橋（Bay Bridge）就是聖馬刁大橋（San Mateo），都要近一個小時的車程，如果碰上交通尖峰時或大橋堵塞時，光是一趟，可能要花費兩個小時的或更長時間。而經紀人的時間是寶貴的，加上母親要價太高，我可能沒有能力賣得掉，再加上前車之鑑，我就委婉地推辭了這樁生意。

王默人知道後，認爲我能當機立斷，推掉母親的生意是明智之舉。

未料到一九八八年，他們賣掉房子後，想要搬到舊金山居住，因爲父親年紀已老已到退休之年，不想開車，想坐巴士去買菜或看醫生，自己料理生活起居，也不想依賴我的已經結婚成家的兩個弟弟，他們一向同我二弟單身的周安樸住在一起，方便照顧。

剛巧王默人知道父母和兩個兄弟安儉和安寶帶著家眷前來舊金山探視我們，他就主動邀請他們一起在我家附近的餐館聚聚，以盡女婿和地主之誼。

在餐館裡，大家談的興高采烈之際，不料么弟安寶的太太喬培莉突然告訴我：「媽媽今天已經在舊金山列治文區看中了一套單幢房，而且出了價付了訂金。」我當時很氣憤，因爲母親曾許諾過我，如果她自己在房屋開放時，看中的房會叫我寫出價，因她不信任賣房的經紀人。尤其她不喜歡那位經紀人同時做買賣雙方的生意，一個人包攬全部買賣事宜，可能會心向賣主，而不會幫助買家。

小弟妹培莉向我投擲了一枚驚人的炸彈，我差點坐不住。因爲我還要付這頓大餐的帳單，眞的成爲名符其實的冤大頭。當時王默人並沒有當場發作，或者是站起來拍桌子走路。反倒是我認爲母親又把我給出賣了。我現在已記不清我是如何走出那家餐廳的大門，也許是王默人牽著我的手和兒子思予一同回家的。

事後，據他們告訴我，我才知道事情的原委。原來培莉的妹妹培華也是地產經紀人，難怪她會爲我打抱不平。

當年母親看中了在列治文區三十三街三層的大房，是一家連鎖公司華裔經紀人曾小姐（她嫁給公司白人經紀）開放的。母親看了滿意後就對她說：「我女兒是經紀人，如果你能給我殺個價，我可以不用她，用你，你就可以賺取雙倍的佣金。」

說白了，還是母親自私自利，利益薰心，不要親情，既然你不要女兒，爲什麼還要女兒請你們一家大小吃飯呢？不是利令智昏嗎？所以這次我主動地和母親斷絕往來。

不料父母親買的那幢三層樓，並不是眞正的兩單位，而且位在斜坡上，停車很不方便。父母親一九八〇年代來美時帶了七十萬元的美金，所以是用現金買的。精明能幹的母親把第三層分租給華裔的年輕住客馬先生，自己住在第二層，樓下則停車，結果一九九〇年時，他不付租，可能是大弟安儉建議，認爲姐夫王默人精明幹練，說話犀利，就打電話給王默人，要他就近處理，因他住在聖荷西市，工作忙不能及時處理，王默人在我一再懇求下，終於出手相幫，說盡好話和壞話才把那位房客請走，事後大弟安儉還親自帶禮物來我家謝謝我們。

一來一回的又交往了起來。

我記得父母親來我家時，不知是什麼節日，父親曾鄭重地對我說：「咪咪！下次買房，一定找你買，否則我們就不是人。」結果不然，他們一九九〇後又在大弟安儉岳父家桑尼維爾市附近的肯伯市（Cambell）買了一間投資房，在市場不景氣時，一九九五年前，自賣賣出，還賠了本。

經過這麼許多的事件，兩家又互不來往。雖然列治文區和日落區只相隔了一座金門公園，但我從未主動去探視父母親。

聽母親說，一九九五年二月我在一九〇〇泰勒維爾街開長菁實業公司，父親曾悄悄地坐公車，因爲想念我，在我公司門口徘徊偷偷地看我工作，我並未發現，而也不知情，後來還是父親死後母親親口告訴我的。

二〇〇一年七月十七日下午四時，我正在二一二四泰勒維爾街辦公室打電腦時，突然接到母親的電話，說父親在看電視時，突然心臟病突發，倒在家中客廳沙發地毯下，嘴裡還含著一顆李子！另一顆李子跌落在地毯下，安詳地離世，我接到電話後立即打電話回家告訴王默人，王默人說他自己會在家中照顧自己不要牽掛他，讓我趕快趕到母親家中安慰母親去吧！

當我在七月十七日下午四時許趕到時，看到母親，她告訴我說：「我在洗澡，你爸爸正在看電視，等我洗完澡出來時已經太晚了，看到他已倒在沙發底下縮成一團，完全沒有了呼吸，如果我不洗澡，他或許有救……。」母親自哀自責地斷斷續續地泣不成聲，我看到母親腳一拐一拐地，她的腿一向不好，心裡也是悲痛萬分，而生病的小弟安樸還在旁邊抽菸！就趕緊打電話給兩個弟弟，大弟安儉說他正在上班，下班後即刻趕來，而么弟安寶也如此說。這時么弟安寶也是同樣地要晚點才能趕到。

我從未處理過喪事，看了電話簿後，我決定打電話給在基利大道的長青殯儀館（Evergreen Mortuary）因距父母家近，請他們派人來收屍，剛好是一位華裔黎淑瓊小姐（Joan Li）接的電話，果然六點三十分鐘殯儀館的黑色靈車就到了，這時大弟安儉已趕到，么弟安寶因塞車而未回來。

看到父親躺在沙發底下的慘狀，大弟安儉忍不住地也自責起來，他說：「今年二月份父親就在坐公車回家的路上，倒在三十三街和巴布瓦街上，僅有兩個路口就到家了，還是好心的鄰居或是路

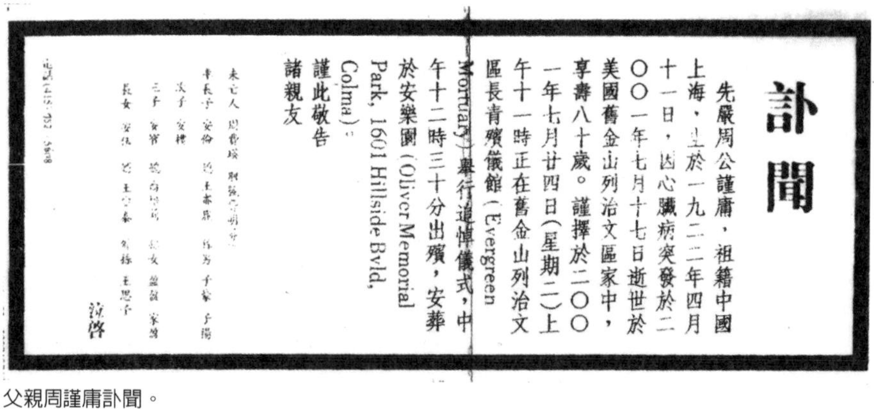

訃聞

先嚴周公謹庸，祖籍中國上海，生於一九二二年四月十一日，因心臟病突發於二〇〇一年七月十七日逝世於美國舊金山列治文區家中，享壽八十歲。謹擇於二〇〇一年七月廿四日(星期二)上午十一時正在舊金山列治文區長青殯儀館(Evergreen Mortuary)舉行追悼儀式，中午十二時三十分出殯，安葬於安樂園(Oliver Memorial Park, 1601 Hillside Bvld, Colma)。

謹此敬告

諸親友

未亡人 [illegible]

孝長子 安儉 [illegible]

次子 安樸

三子 安寶 [illegible]

長女 安儀 [illegible]

泣啟

電話 [illegible]

父親周謹庸訃聞。

人送他回家了，那時是輕微地中風，我太大意了，竟沒有送他到醫院去作詳細檢查，也許今天他還活著……。」

他承認是自己的疏忽，才造成父親的早逝，父親生於民國十一年（西元一九二二年）四月十一日，時年僅七十九歲，尚未滿八十歲，他和母親是同年同日生，而非同月。母親生於一九二二年一月廿一日，比父親還大了三個月。

由於父親是突然心臟病發作，使得周家，我和弟弟們都措手不及，么弟也趕到，還責怪我不會辦事。我陪母親等靈車走了以後才回家。

第二天我開車陪母親到華埠麗安殯儀館（Green St Mortuary）的棺材鋪，想買一口上好的木質棺材安葬父親，但挑來挑去仍不滿意，結果在長青殯儀館內卻看上了一口朱紅色的木質棺材，當場我就付了錢，也付了全額五千元的喪葬費用。

我又陪兩個弟弟去買墓地，恰好在可馬（Colma）安樂園（Olivet Memorial Park）看中了一塊墳地，大弟安儉就用信用卡付了五塊墓地錢。（預備安葬父母，他和太太以及小弟安樸百年之後的場所）。

本來一切都順利舉行，我在泰勒維爾街以前辦公室旁邊的「勿忘我」花店一九〇四號（Forget-Me-Not-Florist）訂了六個大花圈，而母親、小弟周安樸和長菁實業公司及我和王默人、思予送的，全是由我付帳，周安儉夫婦和周安寶夫婦則是由我先代墊的，爲表示敬悼他們將要補還給我的費用。

結果大弟安儉打了一通電話給我，把整個事情又搞砸了，因他要王家出三分之一的墓地和棺材費用，其實我早已付了殯儀館喪葬和典禮上的花圈帳單及棺材費用，僅墓地費用尚未支付而已。王默人聽了之後，很不高興，認爲不太公平，而且是周家的喪事。但那時母親說她沒有錢，因她把錢都存了定期一時無法提出，而大弟安儉說他剛離婚不久，要付前妻贍養費用；么弟安寶則說家裡要整修房子，都說沒有錢付，最好是由姐姐安儀全額付出。

我也不敢告訴王默人，我已經付了許多的帳單。他很慷慨的同兩個弟弟說：「你要我們出多少錢，我們統統出，但是我們不會去參加喪禮。」

我當時以爲他說的只是一時的氣話，結果在父親喪禮的前一天，七月二十三日他不許我去參加，否則拿我是問。我知道他的脾氣，趕緊在七月二十三日當天要母親陪我一塊去長青殯儀館去見父親的最後一面。在殯儀館裡，館內人員不准我們去停屍間，因父親還未化妝入殮和種種等的原因和緣故，所以無法見到父親的遺體，我很失望和傷心。那眞是我的遺憾。至今仍抱愧在心。

果然在七月廿四日出殯的當日，王默人不准我去上班，也不准我出門，我留在家中陪他，所以父親的喪禮我沒有參加，而且我也沒有通知兒子王思予，只是送了兩個大花圈，一個是長菁實業公司送的，另一個是女兒女婿送的，以表示敬輓哀悼之意。

那天白天，我沒有上班。王默人看我落落寡歡的模樣，心神不寧也吃不下飯，有點心疼，覺得他自己作得太過份。晚上躺在床上，對我極盡溫柔，想用房事來安慰我，我卻一點性趣也沒有，因這是我一生中最大最遺憾的事，未能爲父親盡孝送終。

七月廿五日，我一早就到母親家中去陪伴她。她要我陪同她到附近的銀行去取出保險箱裡放置的一

此手飾，拿出了這些金手飾並關閉了保險箱的帳戶，其中有一顆金雞心和一條金鍊，母親打開給我看，

周安儀父母照片，收藏於金項鍊中（將捐給清大文學館的文物之一）。

周安儀和母親合影，收藏於金項鍊中（將捐給清大文學館的文物之一）。

原來金雞心正反兩面內放著一張年輕時父母和父母及我小時候合照的照片，我至今保存著作爲紀念。

原本那時母親已經打定主意，要搬去聖馬刁市與大弟安儉一家同住，並且要我作賣房的經紀人，沒有和王默人商量，這次我又堅決地拒絕了。我對她說：「安儉剛新娶了第二個老婆進門，你和小弟安樸去投靠他們，可能會吃苦的……。」我是想要母親仍然住在列治文區的家中，是我想出的苦肉計。

母親並不聽我的規勸，決心把現有的房子賣掉，搬過去和安儉夫婦合住，在二〇〇〇年年底，安儉已經買了一幢在聖馬刁市新蓋的兩層新社區三睡兩個半浴房，他早已把一九七九年買的全新聖荷西房給了第一位已離婚的太太朱瑞美，而新婚的王亦麗還帶了兩個拖油瓶的女兒嫁過來，幸好一個女兒已經出嫁，另一個十八歲的小女兒和他們同住，原來瑞美生的兩個兒子一個年僅十三歲的子豪和十一歲的子揚也和他們住在一起，所以他把母親和小弟安樸安置在客廳的一個角落，合睡在一張床墊上。這是以後我去探訪母親才發現的。

替母親整理父親的遺物時，才發現年輕時的母親還收集了大量中外明星的照片，有胡蝶、周曼華、還有泰隆寶華、拉娜透納等，亂七八糟的堆在一起，我看了有點心酸，立即買了兩本照相簿把照片放在裡面，還有牆壁上掛的我送給他們名家的字畫，她要我拿回去，我說既然已經送給你們，不能再拿回，後來才知道她把這些掛在牆上的字畫都送給了已離婚的媳婦朱瑞美。她還要把王默人當年孝敬她的一套黑絲絨旗袍和外套送還給我，我也不要，其實我並不希望她去投靠大弟，如果她不賣房子，我可抽空常來看她。

寄人籬下的日子眞不好過。果然不出我意料之外，新娶的王亦麗趁大弟不在家時，把窗門開的大大的讓她著涼、感冒，而且也不煮飯給她吃，她只好吃一塊錢的老人餐，有安老自助處派專人送到家。

列治文區三十三街的房子，半年內很快賣出了。據大弟告訴我是交給么弟媳培莉的妹妹培華任職的一家中國地產公司賣出的。而大弟還對著我埋怨道：「培華嫌這幢房子太過陳舊，還要我們花錢裝修後才能賣出。結果也並未賣出一個好價錢。」可見作親戚的生意有多難。幸好在房市打滾了三十五年的我都從未給親戚服務過，我的客戶都是我不認識的陌生人。

二〇一二年二月份（農曆正月十一日）母親九十大壽，一早我特別在日落區艾榮街買了兩大盒的點心，包括一個蛋糕，也帶了一個百元紅包和一串雕刻精美的觀世音菩薩的翡翠項鍊（那條項鍊是我在柏林甘市一家

周安儀母親90歲生日時送給她出土的玉觀音，2012年4月過世時給她戴著。

白人開的珠寶店買的），是出土的古董，價值不菲。

在大弟家，看見么弟安寶也在大弟家，手上還正在打平板電腦，而大弟的大兒子二十三歲剛從大學畢業的子豪也在家。當看見母親只穿了上衣，下身沒有穿褲子，只兜了塊尿布，我感覺很奇怪，原來母親失禁已經很久了，大弟只好給她像小孩一樣兜了塊尿布，比較方便換洗。

母親把放在杯子裡假牙戴上，吃了我帶來的蝦餃、燒賣、叉燒包等廣東點心，很是高興，我還親自把那條翡翠觀音菩薩項鍊給她戴上。（那條項鍊後來成為她去世時放在棺木裡的陪葬品）

沒想到三月中旬，她就由兩個弟弟送往紅木城的凱撒醫院急救，原來她得了急性肺炎，我得知消息後，幾乎一個星期去探訪她兩次，其餘時間則由大弟和么弟分別輪流照顧，每次去我都帶些橘子汁、豆漿等容易進食的流質食物給她。醫院的伙食，她幾乎都沒有動過，都是靠管子輸送營養液維持生命。拖了一個多月，終於在四月二十二日撒手人寰，離開了人世。在臨終的前幾天，我還同姪兒周子豪一塊去舊金山的拉古納醫院接小弟安樸看母親最後一面。

二〇一二年四月三十日，一個陽光普照的好天氣，上午九時四十五分在帝利市天壽殯儀館（Duggan's Serra Mortuary）先舉行家祭，進行追悼儀式，十一時出殯。

這次王默人準備喪禮費用全由我們承擔，但大弟和么弟仍決定每家各分攤三分之一。這次他偕同我和兒子王思予、兒媳黃莉霞夫婦一塊出席，為母親舉行了盛大喪禮，我又付了六個花圈錢，共一千三百多元，擺在靈堂前。風風光光地還僱了八個人抬棺，有警車前後開道送行。一路上先經過大弟家再吹吹打打地送到了安樂園和父親同葬在一起，算是給足了周家的面子，彌補上次不快樂的事件。

因安儉再度離婚，所以那次盛大的喪禮是由么弟安寶的太太喬培莉一手操辦的，由於她吃素，篤信佛教，所以請了一個佛教團體前來給母親送行。儀式肅穆而莊嚴，其實母親是天主教信徒，但培莉可能不知曉。她還去華埠買了一串養珠項鍊掛在母親脖子上，連我送的翡翠觀音菩薩項鍊都戴在一起。經過化妝後母親的面容顯得慈祥平和，和藹可親，由於在墳地又開始誦經念佛，還擺滿我作的一桌素菜席，儀式太過冗長，已經下午一時，大家都飢腸轆轆，各自作鳥獸散。所以沒能親眼目睹母親的下葬，希望那兩個墨西哥裔的挖土工人不要順手牽羊拿走我們送給母親的珠寶飾物。

說起珠寶，我曾送過一串高檔的玉項鍊玉手鐲，孝敬母親，二十幾年前，是我在新華埠克里門街珠寶店（Clement）買的，當時這一套就花了五千美元，連相片一起贈送給母親。等母親過世後，我曾問過大弟，他說沒有看見，現已不知去向；我又問他，那母親經常戴的兩卡拉鑽戒呢？他說，在他那兒做個紀念，而最令我痛心的，是母親過世後，她的戶口名下僅剩下兩萬多美元，而是放在么弟戶口的存簿內。原來大弟第二次

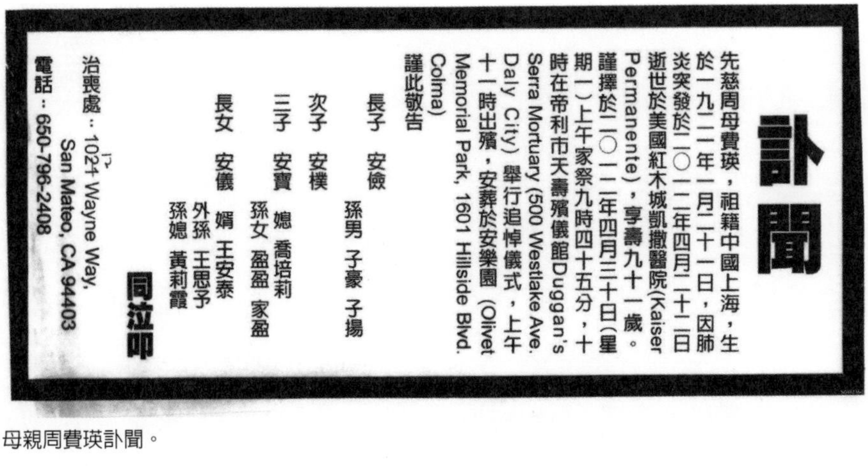

訃聞

先慈周母費瑛，祖籍中國上海，生於一九二一年一月二十一日，因肺炎突發於二〇一二年四月二十二日逝世於美國紅木城凱撒醫院(Kaiser Permanente)，享壽九十一歲。謹擇於二〇一二年四月三十日(星期一)上午家祭九時四十五分，十時在帝利市天壽殯儀館Duggan's Serra Mortuary (500 Westlake Ave. Daly City) 舉行追悼儀式，上午十一時出殯，安葬於安樂園 (Olivet Memorial Park, 1601 Hillside Blvd. Colma)

謹此敬告

長子 安儉 孫男 子豪 子揚
次子 安樸
三子 安寶 媳 喬培莉 孫女 盈盈 家盈
長女 安儀 婿 王安泰 外孫 王思予 孫媳 黃莉霞

同泣叩

治喪處：1024 Wayne Way, San Mateo, CA 94403
電話：650-796-2408

母親周費瑛訃聞。

離婚時是母親付的一次過的半幢房屋的錢,大概是三十六萬美元左右,因此一九七〇年末和一九八五年代父母親帶來的七十萬元美金，現款都被兩個弟弟玩光了，眞是花錢花如流水，沒有依照母親遺願留給孫兒輩。

第八章　晚年從絢爛走向平淡

第一節　我的嗜好

年輕時，我的嗜好很廣。我年輕時喜歡繪畫，小時候畫的兔子曾受到父親的稱讚，高三時在課堂裡還畫了一張阿波羅像在教室後面的牆上，等於現在的塗鴉；而高中畢業那年，我跟師大張道林教授學習時，畫了一張紫色淡彩的水墨葡萄，曾得到他的讚譽，認為我很有天份。又曾在運動場上馳騁，跳高、跳遠和跳低欄，甚至溜冰都想一顯身手。也對攝影有偏好，甚而想寫作，眞是雄心勃勃，不知天高地厚。

等到年紀大些，進入國立政治大學，又迷上了攝影，幾乎整天躲在暗房裡學習沖洗照片，把家裡照相簿的老照片翻出來到暗房沖洗放大，甚至把星星、月亮、太陽做成相框，來炫耀自己的藝術天份，很是瘋狂。

等到結婚後，由於王默人的縱容，幾乎在台灣的每次旅行，不管在阿里山、合歡山、日月潭、墾丁公園和花蓮、台中、台南、高雄等地，我都揹著腳架，他也不以為忤，任由我胡作非為，把他和兒子王思予都攝入我的鏡頭中，我還要求他們擺出各種各樣的姿勢，他們都容忍我，我都把他們當成我的模特兒，一一攝入鏡中。

結婚後，我也學習做菜，烹飪，做些女紅等。因為要管住丈夫，必須先要管住男人的胃。

王默人曾告訴我，他們同事，在市政府工作的一位大姐，烹飪功夫非常了得，她能和你一邊聊天，一面做菜，結果輕而易舉地作出一桌酒席，讓賓客們讚不絕口。新婚時的我可不一樣，每次炒菜或烹飪時，不准大家說話，還要先把柴米油鹽放在白色瓷磚砌的菜台上，一大罐一小罐的擺得滿滿地，讓人看得膽戰心驚的，像如臨大敵般，甚至還弄出許多事端來，害得他很是難堪。

在中廣時，我參加了公司舉辦的烹飪班，竟然在舉行的烹飪比賽時，以一道西蘭花炒牛肉奪得頭魁，還得到一個會叫的水壺獎品，後來這個獎品，沒有用過連盒子我送給大學同學葉映紅，可見只要我用心做菜，什麼菜餚都難不倒我。

做女紅，在學校，我也曾學過刺繡。也曾陪中學同學，參加過縫紉班。我最喜歡的是畫服裝的原型圖，譬如襯衫、背心或夾克的圖樣，而不喜歡踩縫紉機，那時流行的是聖加的裁縫機，我卻喜歡用手縫，又快又好。母親會打毛衣，在我童年時，她曾經爲我打過許多毛衣，但是我卻沒有她的這種天份，她曾教過我，我只會打一小片或圍巾，而不能編織成一件成衣。

二〇一五年三月退休後在美，參加凱撒醫院和舊金山醫學院聯合舉辦的復健課程，爲了放鬆自己，曾經做了皮包、皮帶等飾物來調劑身心。而二〇二〇年中新冠病毒肆虐時，也曾用手縫製了許多口罩和眼罩送給客人或自用。

退休後，在家有時間，我也會鑽研一些新的菜餚燒給王默人吃，因有些新菜是我在賣客人的餐館在廚房偷學來的，尤其是在二〇二〇年三月中旬新冠病毒肆虐的那段時期，爲了盡量滿足他的口腹之慾，我在廚房大炒特炒，弄得油煙四起，只好勤換油網，廚房電爐頭髒得要用特殊的清潔劑才能擦洗乾淨。烹飪就成了晚年我的嗜好。

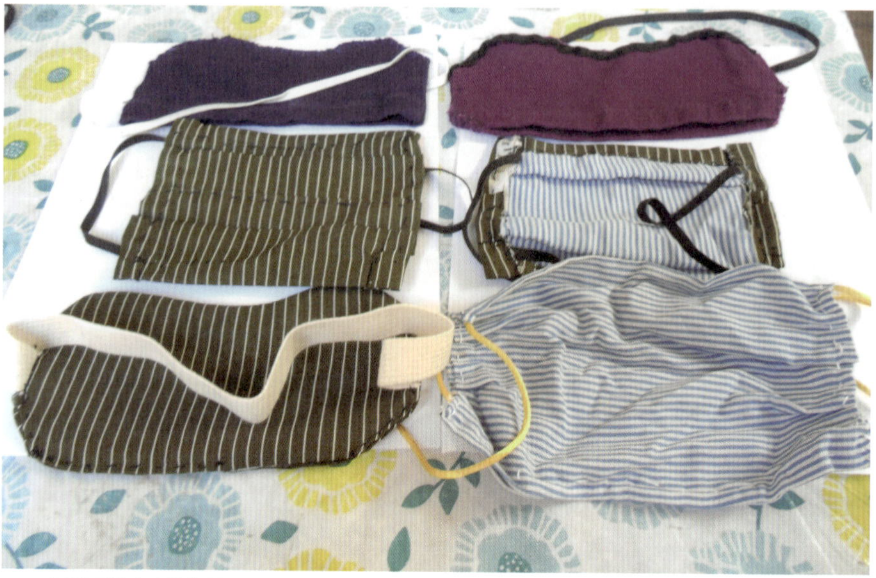

2020年新冠肺炎疫情期間，周安儀自製口罩和眼罩。

周安儀脊椎受傷後，去凱撒醫院參加理療，作女紅以放鬆自己。

第二節　周遊世界的願望未能實現

王默人曾告訴過我：「行萬里路，勝讀萬卷書。」因此在美的三十八年中，只要有假日，我都會帶他和兒子一同出外旅行。在國內，去過紐約、華盛頓、費城、洛杉磯、聖地牙哥、波士頓、西雅圖等大都市，但他最喜歡的是黃石公園、大峽谷、尼加拉瓜瀑布，阿拉斯加和夏威夷毛易島、墨西哥海灣、加拿大溫哥華等。他最中意的是有山有水的地方；但他一生中卻曾未回去過中國——那個他朝思暮想的家鄉。而我和兒子思予卻曾隨旅行團去過北京、上海、蘇州、杭州，曾過境香港遊了半天，甚至風景勝地，如黃山、桂林等地。我自己一人在二〇一八年四月底曾趁參加在北京大學舉行第一屆王默人周安儀世界華文文學獎頒獎空檔時間，參加了長江三峽的旅遊團，坐長江三峽小郵輪去過長江三峽，到過重慶青島等地遊覽，還在青島坐郵輪出海環繞太平洋一圈。

由於王默人不願與中國有任何瓜葛，所以從未回去過中國，也未曾返回過台灣，那是他長大成人的第二個家鄉。他是一個有所爲而有所不爲的人，因此我也從未勉強過他。

我一生中的願望是希望能去包括中國在內的四大古國，但我只去了三大古國——希臘、埃及和中國，尚未去過較落後的印度。

王默人曾陪我去歐洲的許多國家，包括日不落國的英國、去過倫敦、溫莎古堡和劍橋大學、義大利羅馬、佛羅倫斯、威尼斯，也漫遊法國巴黎街頭喝咖啡、參觀艾菲爾鐵塔和羅浮宮、也去過瑞士阿爾卑斯山坐空中纜車。而坐遊輪，則遊玩過俄國的聖彼得堡、丹麥、挪威、瑞典、比利時等北歐國家，還去了土耳其、希臘、義大利西西里島。埃及、阿里山大港則是坐遊輪暢遊了尼羅河，用輪船火車和飛機三種交通工具，參觀過希臘雅典的博物館及歷史古蹟和埃及開羅的博物館，看了木乃伊、人面獅身像、金字塔和埃及的新型圖書館，以及許多法老們的廟宇等，並且在撒哈拉沙漠坐高速的吉普車，兩人坐了駱駝和欣賞肚皮舞的表演，還途經荷蘭和德國。在照片中，我都把他當主角，現仍存放在我的照相簿內。

但我曾許諾他要陪他去印度，和其他許多他所嚮往的歐美國家，可惜他的突然離世，使我最終並未實現我的諾言，這也是我的遺憾。

在每次旅遊途中，他總是耗費心機地爲我買了許多的禮物。

也許是年輕時，我們太窮困，什麼也買不起的緣故吧，爲了補償我，在我倆苦盡甘來時，也能有點物質上的享受吧！

在我的記憶中，他從未送過我一束鮮花。他不是那種很羅曼蒂克的男人，我要的也不是那些表面上的東西，而是要捕獲他的

2010年10月，王默人夫婦遊埃及合影。

王默人與周安儀合影於英國劍橋大學。

王默人與周安儀兩人的旅行。

身心。是要他對我好，眞心地愛我，要我，我就心滿意足了。我記得只有在床上做愛時，他會深情地對我說：「我愛你，我要你！」平常他可對我不苟言笑，也未曾對我說過一句肉麻的情話，總是默默地陪伴在我身邊，談天說地，像個朋友，而不像是對夫妻。

十多年前，在瑞士勞力士錶店，他看中了一款綠色皮帶的套錶，我想一起買下來做夫妻錶，他卻執意不肯，只爲我買了三千元，襯有綠色皮帶的那支手錶，時價三千多美元，我付的是信用卡，可見他對我補償是多麼地大方，而自己卻捨不得買。（勞力士手錶捐給清大）

二十年前，第一次在阿拉斯加旅行時，他曾經分期付款，付了半年才還清。爲了買一個綠寶石的雞心和一個配成一套的戒指，甚至在俄國人開的皮貨店爲我買了一件黑色皮大衣鑲著黑白毛裘，爲了更改袖子尺寸，差點趕不上遊輪，還是隔壁巴西裔的珠寶店老闆親自開吉普車送我們上的遊輪。他把項鍊套在脖子

王默人在阿拉斯加旅行時買給周安儀的綠寶雞心墜和綠寶戒。

上怕被人搶了，由此可見他的體貼和心細。

在夏威夷大島的博物館，他花了四百五十美元買了一顆由當地雕刻家雕琢的鯨魚的牙齒；在俄國的聖彼得堡爲我買了一條純白色的毛裘衣領；在土耳其買了一條手織的深藍色花紋地毯（捐給清大），由於太重是我揹回來放在客廳茶几下做裝飾品。可我只給他在希臘買了一頂花布的帽子，怕他曬的頭頂通紅。出外旅行時，他什麼都不想買，對物質的享受看得很淡，對自己更是極爲刻薄，但對於遊輪上的服務人員或是導遊、司機，甚至脫衣舞孃等，他都要我盡量多打賞，多給一些小費給那些爲我們服務的人員，他永遠是手不軟，有時甚至引起其他的遊客不滿，認爲我們是財大氣粗，故意表現大方，其實他對低下階層的小人物，尤其是藍領階級都深深抱著一種同情心，對他們極其照顧。

尤其是他對我們出外遊玩常爲我照顧辦公室的同事羅伯特．胡（Robert Hu）要我回來送些禮物給他，甚至也送給我的老同事鮑伯．艾文斯和樓上的房 客貴格．海斯丁。他們後來也學樣，在出外旅遊時也會送些小禮物給我；同時也要我送一些小禮物給我們的家庭醫師和相熟的客戶，大家都皆大歡喜。

每次我在中國，都會帶幾罐茶葉回來，尤其是杭州的凍頂龍井和北京的菊花茶、茉莉茶以及黃山的特有的黃山茗茶回家，並還帶了黃山風景的錄像帶，放給他看，他看得津津有味，一解他的鄉愁。在蘇州，我還買了兩床絲棉被，一床自用，一床給王思予；我還給自己買了兩件黃色和棗紅色帶花紋的絲棉襖，我給他只買了一件絲綢的睡衣，他都捨不得穿，卻束之高閣，現仍放在走廊過道上我倆合用的衣櫥裡，他卻自己捨不得用。

當然每次旅遊，都好似度蜜月似的，對我及其愛護。每到景點，都要陪我吃喝遊玩一番。只有一次例外，是坐公主號遊輪，在二〇一七年四月，他住在沒有窗口或者也沒有陽台的船艙裡，突然得了感冒，咳嗽不止，我們買了全額保險，在遊輪上看了醫生，也不見好，所以瑞典和挪威，我倆都沒有下船去作陸地暢遊；以後只要是沒有窗或陽台的遊輪，我們都要避免乘坐，寧可貴一點要有通風設備的船艙，我們才會訂位。這也是學來的教訓和經驗，眞是一分錢，一分貨。

二〇一〇年在埃及旅遊時，由於進口的荷蘭的啤酒特別便宜，而且味醇香濃。他每天都要喝上幾瓶，結果渡假回來時卻患上了二型糖尿病，使得他痛苦不堪，每天要早晚三次用特定針頭刺手指頭，用儀器來檢驗每天糖尿病的指數，害得他只好減低自己喝酒的份量，對他來說是極其痛苦的一件事，但是他仍然聽從醫生的指示，照作不誤，並改喝米酒，戒了烈酒。

第三節　含飴弄孫，其樂無窮

二〇一八年七月下旬，我們家裡迎來了一群不速客。原來是他同父異母哥哥王楚安的女婿章茂先（在黃梅縣教育局任職）和女兒王美菊（任職黃梅縣第四小學）及擔任武漢大學心理中心教師的外孫女章吉三人帶了王家的族譜和黃梅縣誌來拜訪我們，王默人很熱誠地招待他們在附近日落區的餐館吃飯。由於他們要自行開車去洛杉磯和其他州看朋友，八月初才能返回舊金山，請我們預先約兒子、兒媳與他們見上一面，我們也應允了，所以八月初王思予先回家與他們先在家裡見過面後再一同去附近的餐館小敘一番，未料到媳婦黃莉霞回家時已挺了一個大肚子，王默人高興萬分，終於迎來了盼望已久的孫兒。

在日落區餐館，我早已預定了一桌酒席，未料到在準備用餐時，王默人談起前塵往事，對他同父異母的哥哥王楚安頗有怨言。因他哥哥回六嘴街家時，伺候他的繼母，也就是王默人的親生母親李如意，他才會在十四歲那年出走，然後流亡到台灣。由於王默人個性耿直，他們三個人就坐不住，當時就拂袖而去，我也勸架不住，王思予和媳婦也無可奈何地把食物都打包回去。那天晚上，他輾轉難以入眠，因為一九四八年在湖北黃梅縣新開鎮六嘴街的王家，一山容不了二虎，他才會拿著堂哥廷哥給的路費離家出走，一生都沒有回去過老家。

當知道自己兒媳懷孕，將於十月臨盆生產的喜事，他老懷大慰。因王思予在二〇〇八年末帶著黃莉霞回家，他們倆早已在黃莉霞十九歲時在桑尼維爾的教堂作禮拜時認識，直到思予於二〇〇八年初在洛杉磯出差時再重逢，才擦出愛情的火花，那已經是九年後了。二〇〇九年五月廿九日，他倆在聖荷西市政府公證結婚，我們就在南灣苗必達市（Milpitas）的五月花大酒樓，席開六桌，邀請了許多至親好友包括同學及他們的同事鄰居及教會朋友前來參加，黃莉霞的父親黃文心母親黃秀馨也從印尼雅加達趕來參加婚禮，她的已在美的阿姨黃秀清、姨夫艾德華．伊普舍（Edward A Ipser Jr.）和妹妹黃莉莎及弟弟黃泊翰都參加了喜宴，我也邀請了我同事鮑伯．艾文斯夫婦參加，場面溫馨而熱鬧。那天晚上我們就睡在了給兒子二〇〇一年在佛利蒙買的三房兩浴的主臥室內，王默人喝得酩酊大醉，人事不知，真是高興到了極點。

二〇〇九年，他們在過農曆年回家時，王思予要媳婦塞了一個五千元的紅包給我們作旅遊用，王默人當場退回，他告訴兒子：「我心領了。」因爲喜宴都是我們預定和支付的，同時也謝絕了賓客們的禮物，我也給了兒媳珠寶作爲婚禮佩戴用，思予爲了感謝我們，想用行動來回報我們。

結婚時，王思予已經三十四歲，在英特爾（Intel）作電機工程師，而黃莉霞則在洛杉磯爲國稅局設計電腦程式的一家公司做工程師，並已請求調往佛利蒙市工作。她也已二十八歲。兩人年紀都已是不小了，所以王默人要他們早點生個孩子，還一再催促他們前往醫院作檢查，眞是抱孫心切。

我們倆老是癡癡地等待，眞是望穿秋水，不見伊人。足足等了將近九年，而就在我們不再作任何指望時，他就看見大著肚子的媳婦回門，他怎能不欣喜若狂呢！

二〇一八年的十月十日一大早，早上十時許，我正在兒子房間騎腳踏車運動，突然手機響了，原來思予打電話給我說莉霞早上八時九分生了一個兒子，不足六磅，還躺在保溫箱裡。一聽到這個好消息，王默人就要我馬上穿衣服去位在北灣聖利蘭卻市（San Leandro）的凱撒醫院去探望媳婦和孫子，並要我帶一條金項鍊配上一個金鎖片和一個紅包前往。

我們十一時許抵達時，打了兒子的手機，他立刻下樓來接我們，我帶了數碼照相機，通過重重安檢，第一個進門看見小念竹（Rhysand Nian Zhu Wang）躺在保溫箱裡，我徵求白人年長護士的同意，拍了好多張照片；然後由思予陪同爸爸去看孫兒，念竹的名字當時是由王默人臨時取的中文名字，他的寓意是想念「竹子的清高」，而英文名是兒媳照著小說人物雷聖（Rhysand）取的，他高興地合不攏嘴來。回到媳婦的病床後，親切地要她自己在醫院照顧好自己，聽護士說念竹因爲肺積水，可能要留院觀察七天，而產婦可以在三天內出院。

莉霞是前一天下午送院待產的，結果還是被折騰了一個晚上，天亮以後才生產，所以累得思予一晚都沒有闔過眼。

父子兩個一見面有談不完的話，說不完的事。等到中午，產婦的飯已經送到產房內，我才和思予、王默人一塊去就近的飯館用餐，結果思予知道爸爸喜歡吃辣味，竟然花了半個小時開到紐瓦克（Newwark）一家新開張的湖南餐館用餐，我們叫了幾樣現炒有椒塩蝦和豆瓣魚等炒菜後，還爲思予叫了水餃和牛肉麵，花了將近兩個小時才又開回凱撒醫院。

在病房裡，王默人坐在椅子上，很有耐心地與媳婦和思予說話，沒過多久，莉霞的妹妹和阿姨黃秀清也來產房看她，大家都帶來了禮物，原來莉霞的妹妹莉莎也挺著大肚子來，她還有三個月就要臨盆了，後來她生了個女兒，而莉霞的阿姨黃秀清也於二〇一一年夏天把南灣庫比蒂諾（Cupertino）大房賣掉，因工作調動搬去別州了。

王默人在產房裡幾乎呆了一整天，還是思予怕我夜晚眼力不好，晚上七時前就催促我開車回去，他才依依不捨得與兒媳道別回家。

回家後的一星期，他整晚都纏著我，要和我親熱，似乎精力旺盛，寶刀未老，在床上一展他往日的雄風。我也很久未嚐到他這種極度癡迷愛戀的纏綿滋味，好似又回到年輕熱戀時光，也享受著他的愛撫。只好任由他胡來，他眞是高潮迭起，快樂到了頂點。我心裡清楚他是感謝我，爲他生了一個兒子，現在兒子又爲他生了一個男孫兒，讓他有後，可以一路薪火相傳下去。

過不了多久，他又要我開車陪他去佛利蒙看思予一家，這次我帶了一本照相簿，把上次拍的照片一起送給了兒子，還親自把照片放在照相簿裡，擺在他們的書架上，希望今後孫兒長大後看見這些照片。但是念竹很怕奶奶拍照，因我的數碼照相機有自動閃光燈，當閃光燈亮起時，他有些害怕，所以我有時也只好用平板電腦拍孫兒的照片。

二〇一九年十二月中旬前後我們去希臘、土耳其和義大利等地遊玩，回來時，在元旦那天兒子王思予帶了媳婦莉霞和孫子念竹回家來探望我們，王默人很高興地陪著他們，而念竹在客廳地毯上爬來爬去，一點也不認生，也會坐在爺爺身上撒嬌，真是一幅快樂的三代同堂幸福家庭的寫照。

可惜好景不常，二〇二〇年三月中旬，新冠病毒席捲全美，我們擔心年僅不到兩歲小念竹的安全，四月初旬就只有王思予回家送些日用品給我們救急，王默人從此就沒有

王思予3歲多的兒子王念竹，由王默人親自為孫兒命名。

看見像極了小時思予的親孫子王念竹，直到他二〇二〇年十二月三十日去世前也無緣再見，再也無法享受含飴弄孫的樂趣了。

第四節　做運動強身，以完成他的遺願

我小時候就體弱多病，三歲時就得了小兒痲痺症。不僅不喜歡喝牛奶，還會嘔吐出來，生病時也不會吞藥，弄得母親只好把藥丸碾碎放在小湯匙裡餵我；而我家女傭在我生病時會帶我去廟裡，求神拜佛，然後把燒化的紙帛，帶回家中，把灰燼放在小茶杯裡給我喝，所以從小我就害怕生病、吃藥和打針，就是現在年紀大了仍然如此，怕吃藥，需要灌大量的水才能吞服下去。

小時候就患有貧血症，手腳經常發冷。但自從和王默人結婚後，我才知道自己不能提重物，虛弱的連裝滿一籃菜的菜籃都提不動，只好就近在附近的小市場或雜貨店買菜，不敢去大集市採買，一提重物我就氣喘咻咻。尤其在中國廣播公司擔任海外部記者期間，當時我在中視大樓六樓上班，冷氣開得很大，大家中午休時，都會在播音室小睡片刻，那時看到國語組導播周金釗穿著一襲深藍色的長棉襖睡覺時覺得很詫異，又瞧見國語組的女導播柳泉穿著一件暗紅色的大衣，才知道他們是保護自己，不受冷氣侵蝕。我那時年輕，不懂得穿件外套和毛衣遮風，長此以往，我的左腿受了風寒，疼痛的幾乎不能走路，去看公保的醫師，才知道自己韌帶受傷或是得了骨刺，由於自己的疏忽和大意才落下了病根，到處

求醫也不見好轉。

結婚後，我右邊的大臼齒也痛的厲害，每晚常要咬著枕頭才能入睡，痛得不能再忍受時只好去看牙醫取出神經後，還鑲了半顆金牙才好轉起來。在美國，好似在二〇〇〇年左右，一天和王默人在餐館用餐時，咬了一塊螃蟹的大腳，喀嚓一聲，那半顆金牙脫落，去看家附近的牙醫，那位劉鈺堅醫師（Bart Lau）不會把金牙補回去，只爲我清潔消毒，盡量保留了那半顆牙齒，因那顆臼齒至關重要，沒有拔掉，現已風化成爲五分之一顆，也不痛，至今仍苟延殘喘在嘴裡。剛來美國時，我去舊金山總醫院拔了四顆在後面的智齒，本來牙齒我只準備拔刷不到的那兩顆，而牙醫給我上過麻醉藥後卻給我一併拔掉，害我只好打電話給朋友，要他開車來接我，我痛得不能自己開車回家，現在想起來很後悔，因爲美國的牙醫最喜歡一勞永逸，那就是拔牙，以後就不會再痛了。現在想起來是拔一顆少一顆，後悔莫及啊！

現已過七旬的我，才愈發瞭解到有一副健康的身體的重要性，因爲有強健的體魄，才能享受晚年的幸福生活。

自從二〇〇八年，我在辦公室附近的街石旁摔了一跤後，導致四節脊椎移位，引起了脊椎和下半身的神經痛，也影響了久未復發的左腳也開始痛楚萬分，經過每年打兩次止痛針（Cortisone），仍不見好，那只是治標而非治本。我的家庭醫師羅賓斯無奈之下要我去作物理治療，去了幾次物理治療，結果換了一位土生土長的華裔陳姓女治療師，她告訴我：「在家也可自己治療，不需要長途跋涉這麼辛苦。」她給我看了電腦上面的運動圖像，我就要她印出來給我，她說電腦只可下載而不能打印，我請她電傳到我電郵上面，我就可以印出來，後來我靠著這些圖像自己在家做摸索練習。

我家庭醫師羅賓斯也是這樣說的，只有運動才是治本的根本方法。以前我從未運動過，都是作客人的走馬燈，每天不知忙些什麼，有時也是無事忙。現在既然已經到了這種緊要關頭，不能長期吃止痛藥和打止痛針，所以我才下定決心每天無論多忙都要作運動。

恰巧，我的一位白人客戶賣主之一送了一輛已裝配好，不用的舊腳踏車給我，讓我在辦公室騎，我高興地擺在後面的小會議室裡，一面騎腳踏車，一邊打電話給我的客人。每天都會騎上個半小時，晚上回家再躺在床上或地毯上，按照陳姓女治療師的圖像作運動，一方面聽電視新聞，另一邊在作運動，每天持續半小時至一小時不等，漸漸地我覺得有了成效，也不需要打止痛針和吃止痛藥。持續了一段時間，體重也減輕了十磅，中年以後的發福情況也改善了許多，本來穿不上的衣服也能扣上了，我才知道運動的確可以強身減重。

和我年紀差不多的一些客人，也犯上了和我同樣的毛病，從脊椎的疼痛移到了頸椎，他們開了脊椎的手術，康復以後又得挨上頸椎的刀；另一位女客戶竟然在二〇二一年四月新冠病毒肆虐期間，由於醫院關閉，得不到及時的治療和藥物，竟然離世了，那陣子是因爲有事打電話給她的夫婿才得知她的噩耗，她還比我小了十歲，眞是令人感嘆不已！

以前婚前和婚後，我的體重都維持在一百一十磅（五十五公斤）左右。中年因經濟條件較寬裕，心寬體胖的緣故，體重直線上升，竟高達一百四十八磅。靠著堅持不懈的運動後，體重竟減爲一百三十八磅上下，但等到二〇二〇年十二月三十日王默人遽然辭世後，傷心欲絕，茶飯不思，幾乎變成了躺平族，體重更是連續下滑，竟減至一百二十八磅以下，所有從台灣帶來的衣物搭配我的身材都剛剛好，可以穿得上身。

我記得二〇二一年春天，我準備賣一三八三至一三八五號三十七街的兩單位投資房，樓下的白人住客傑克．德通（Jack Denton）第一次見到我時表情驚訝的對我說：「Anne—你怎麼會瘦成這個樣子，我都快認不得你了。」可見我並沒有照顧好自己，覺得自己很累，也沒有心情和胃口吃飯，自己孤單地待在家中，而且時時在家中發呆，想念和王默人在一起的日子，眼眶常泛紅，總是認為他走得太早，丟下我不管，也不再陪伴我了。

那時我常常躺在床上，白天不能起床，夜晚不能成眠，真正變成了名符其實的躺平族，自暴自棄地；後來我提起精神整理他遺物時，發現了一疊他寫給我的書信，那是我剛來美國依親度假時，我們曾

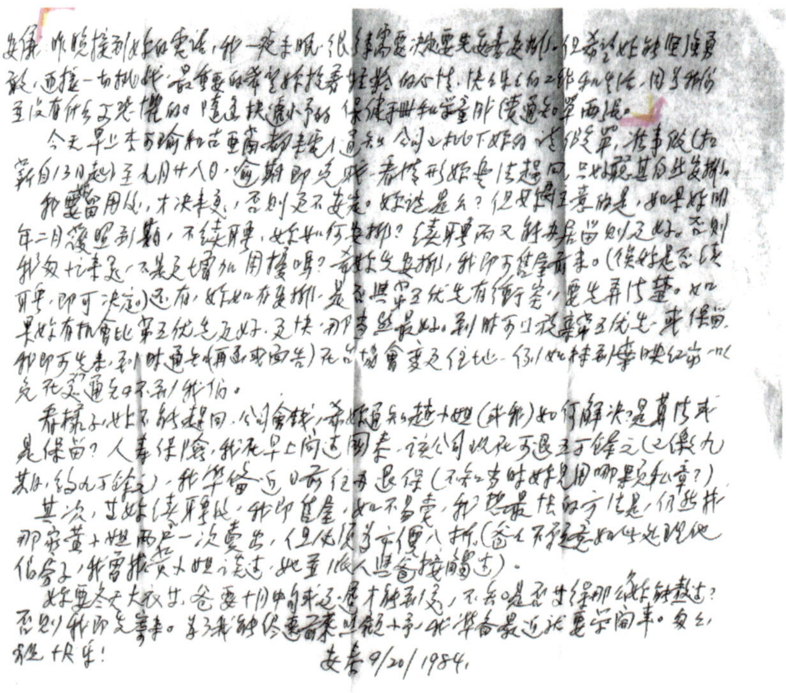

1984.9.20，王安泰寄給周安儀的信件，鼓勵周安儀勇敢迎接一切挑戰。

短暫分離了五個月之久，他寫給我深藍色的郵簡鼓勵我要堅強，不管前途如何，都要勇敢地面對一切。

我小時我認爲我個性較爲軟弱，動不動愛哭，不會像王默人有打斷牙齒和血呑的堅毅性格，有點像魯迅筆下的「阿Q」，遭人欺負，不會還手，總自認倒霉就算了。也許我從小嬌生慣養的，雖天眞爛漫，但脾氣可倔強又任性，甚至還有叛逆的個性。但他包容我的缺點，有時也將就我的大小姐脾氣，不與我計較。

在和他一同生活將近半甲子期間，他教會了我許多爲人處事的道理，譬如「己所不欲，勿施於人」、「滿招損，謙受益」、要兢兢業業地做事，誠誠懇懇地對人，將心比心，並要我守時、守信。他常取笑我：「你是個傻丫頭，從來沒有心機，在世上一定會吃虧的」。並要我「害人之心不可有，防人之心不可無。」他很用心地教導我，他希望我會「愈挫愈勇」，並鼓勵我用心學習，尤其要活到老學到老。他嚴格地要求我，使我一生獲益良多。

年輕時，我不懂得穿著，打扮起來很是老氣，總是愛穿深色的衣服，也不會裝扮自己。他會教我「什麼是美」，那時的我眞是青澀單純，一臉的稚氣。他陪我上商場買衣裳，在眾多服飾，甚至一千件衣裳裏，不到十分鐘，他就挑中了兩套衣服要我試穿，他的美學令我佩服，尤其是家裡的擺設，都是他一手安排的。賣遺產屋時，我常揀些客人不要四十年代的傢俬回家，陳舊的五斗櫃、梳妝台、書桌、桌椅等搬回家，他自己會刷同樣顏色的油漆。經他精心擺放後，眞是煥然一新，也看不出是舊傢俱。

我們可說是半生緣。他對我無條件的愛，對我作出的犧牲和付出，並常對我耳提面命的，讓我心裡著實溫暖起來。我倆廝守了五十年，他一直守護著我，共同度過了這半個世紀，雖歷經風雨的挑釁，才能迎來晴風白雲。我們兩人相教如賓，一起度過許多艱難歲月，眞可算是風雨同舟。

我們的日子像水中影鏡中月，一晃而過，但他和我的感情仍然如膠似漆，照亮了我的人生，雖然也會與他打情罵俏，在他懷裡也曾經撒過嬌，要小脾氣，有時也會對他悄悄地說些肉麻情話，和他纏綿在一起，他很體貼我，愈發地對我溫柔。

年輕談戀愛時，他對我眞可算是「你儂我儂」，我對他也是卿卿我我的，濃情密意到了極點，他離不開我，我也離不開他，眞是愛到瘋狂的境界，因兩情相悅，才攜手終身。結婚後，我們也如魚得水般，過著人人稱羨的小夫妻生活，也算的是鸞鳳和鳴。

本著愛屋及烏的心理，我對他的女兒王慕淳也疼愛有加，可惜她要跟隨她的親生母親，終究沒能和我們生活在一起，不過

女兒王慕淳28歲時。

二〇二二年七月十八日至三十一日，她帶著一對已成年的兒女李禹萱和李昱緯來美國探視我和她弟弟王思予，終算一家團圓了。

我和王默人從年輕時相愛到老年，他都信守當年的承諾，沒有始亂終棄，成爲一個薄情郎。五十年來不離不棄始終如一。我們倆只有一紙結婚證書、兩個後補的白金婚戒和一張補拍的結婚照片，以及中央日報報頭下的一則小廣告，比起一般人來擁有一場盛大的婚禮，賓客如雲，結婚蛋糕和蜜月旅行等大陣仗，眞是不能相比。但我倆卻恩愛有加，他對我眞是詳加保護，不再受人欺凌，像武俠小說裡的那些俠義英雄人物爲我出頭撐腰和打抱不平。在老年時更結爲老伴，要陪伴我度過這一生。

不管在生活方面，他都對我諄諄教誨；而在寫小說方面，他也是我的導航者。他教會我在公共場所如何觀察周圍人們的一舉一動，要我寫自己熟悉的身邊的那些人物，更要我體驗人生，瞭解人性。所以退休後，我才

王默人與周安儀的白金婚戒（將捐給清大文學館的文物之一）。

會追隨上他的腳步，走上了這條艱難而坎坷的寫作之路，我並沒有爲他揚眉吐氣，一鳴驚人，只是默默地努力耕耘，想開創一片屬於我自己的小天地。

以前有他陪伴的日子，他常勸我：「如果我走了之後，你要勇敢，堅強獨立，不要依靠在別人身上。就是你親生的兒子，你也不要去投靠……。」

自他於二〇二〇年十二月三十日離世後，午夜夢迴時，我常想著他，感覺他就在我身旁。時代的巨輪把他吞噬了，把我淹沒了，我沉浸在其中不可自拔，尤其想起前塵往事，不由得令我感慨萬千，不能入眠，但爲了要完成他的遺願，我必須振作起來。勇敢地擔負起他交給我的任務。那就是最後捐款給北京大學。

二〇二〇年初我們把我倆預備作退休之用的兩幢投資房放在我們的基金會裡，一幢在舊金山的兩單位已於二〇二一年七月二十一日順利賣出，已捐給台灣國立清華大學作爲興建王默人周安儀文學館

王默人周安儀文學館。

的資金；另外在灣區聖布諾市一幢五千呎，地一萬呎的商業大樓，原來計劃也在二〇二一年賣出，捐給中國北京大學，計劃是不是捐給世界華文文學獎，就是成立王默人周安儀文化中心。但不料事出意外，二〇二一年七月底，那幢位在聖布諾市聖布諾夾六街轉角作爲修車廠用的商業大樓半夜失火，因樓內一輛正準備修理的賓士車電線起火，導致整幢商業樓內部幾乎全毀，幸虧路人及時報告消防局，經緊急搶救後，由保險公司理賠，現仍在搶修中。必須要等待修復完畢後才能上市，可能要延至二〇二五年或二〇二六年才能售出。這也是王默人生前的遺願。

人生長恨水長東，如今天人永隔，無盡的思念，眞是春蠶到死絲方盡，蠟炬成灰淚始乾。爲了他對文學的理想，要繼承他的薪火，我只好堅強勇敢地孤獨地一人活下去。本是同林鳥，現卻勞燕分飛，今生我一定要完成他的遺願，才可放心地與他在天上團聚。自他走了之後，我仍然想著他，思念之情愈發濃厚。他會永遠活在我的心中，也活在千千萬萬喜歡他小說的人們心中。他的小說不死，照亮著，啓迪著後學者，而文學的香火必須一代又一代的傳承下去，使中國文學能在世界文壇上發光發亮，佔有舉足輕重的地位。

（周安儀於九月十四日二〇二二年開筆日夜執筆，直至十月三十一日二〇二二年完稿。）

後記

我是一個平凡再平凡不過的普通人，從未想過要寫自己的回憶錄，但基於台灣國立清華大學有關人士的厚愛，在因緣際會下，要我寫出自己一生的平凡經歷，所以才有這本回憶錄的誕生和問世，寫下了但波濤起浮，並不很精彩的人生。

近七十七年中，在人生波濤洶湧中，充滿了許多的暗流，經歷打擊，但仍然揚帆前進的我。先後小時有父親周謹庸和母親周費瑛（原名費明芬）的呵護和疼愛，年輕時又有夫婿王安泰（王默人）的照顧和扶持；老年喪偶，又得到兒子王思予的關愛和問候，我這一生已很知足是常樂了。

從小，我生長在一個小康家庭。小時，把我送入私立幼稚園和小學，也就是世人所謂的貴族學校，但我並不滿足。

人生在世，父母是不可選擇的，而子女也是不能選擇的。從小我的慾望非常強烈，對於有如此好的親生父母仍然不滿，一直想找一位乾爸或乾媽，結果窮其一生，我都未能找到會疼愛我的乾父母。

等到青少年時期，我想追求我的愛好，對文學和繪畫特別喜愛；繪畫是由父親激發的。小時候，我隨手塗鴉用鉛筆畫的一些小動物，曾得到父母的讚賞。在二女中高中時，我就想投考師大藝術系，不顧母親的堅決反對，但疼愛我的母親仍然給了我錢，讓我在暑假中去拜師大教授張道林爲師，開始正式啓蒙；而文學，在我初中時已在我心中萌芽，我喜歡看各種各類的中外名著，偷偷在圖書館看書，一看就是一個下午，甚至把書借回家裡，挑燈夜戰，也要把我喜愛的小說看完。

任性的我，在考大專聯考時僅塡了三個志願，結果並未考入台大和第二志願師大，而考入了第三志願新聞系。在唸新聞系時，我又喜愛上了攝影，廢寢忘食地躲在新聞館裏學習沖洗的技術，專心學習時，往往連回家吃飯都忘記了。

那時喜歡編採，知道家裡沒有什麼背景，所以爲了學好本事，大三暑假就去中央日報實習，學習編輯的本事，大三時也因緣際會做了《中央日報》駐木柵、景美的記者，月薪有一千元，四年大學下來積賺了兩萬元台幣，後來爲感恩父母，在畢業時，把這筆錢都交給了母親。

一畢業，《中央日報》就邀請我去工作，但因沒有記者缺，只好孵豆芽似的在資料組暫時呆著，不到兩個月，大學同學羅蘭，時任《中華日報》社長楚崧秋的秘書，邀我加盟，結果竟遇到了我一生中摯愛王默人，千辛萬苦地與他結爲連理，由於志同道合，也展開了自己一生的新聞工作。

我自認是一個幸運兒。年輕時我並未嫁入豪門，但有年長的王默人對我百般的疼愛和照顧我這個什麼家事都不會做的「嬌妻」。

等到生了兒子王思予後，小的時候，他長得很像王默人，因此父親疼愛他多一點，百般的教導，讓他的頑劣性格改善了許多。但慾望極爲強烈的我仍不滿足，仍想找一位乾兒子或乾女兒，心理是這樣想的，但未能找到理想中的乾兒子和乾女兒。夫婿王默人也知道我心中的想法，但他常勸我要「知足」才會快樂，做生意要「隨緣」才不會放不下。

四十九歲時，我開了一家地產公司。

我聽了他的勸告，知足常樂，隨緣而無痛苦。

作地產生意，並非我的事業，而只是我在社會謀生的一種工具，文學寫小說才是我一生想追求的「夢」。退休後，我就開始尋夢，就如同夫婿王默人一樣，一生追求文學，永不停止，也不受任何威脅利誘，走自己要走的道路，不惜犧牲自己的工作，也要在文學路上打拼。兩人最終爲了理想，把一生賺來的錢都用在了文學理想上，在美國成立了世界華文文學基金會。

小時候有父母的呵護，結婚後受夫婿的照顧，老年時又有兒子的問候。我這一生夫復何求，應該是圓滿幸福的，雖然有時在人生道路上受到一些挫折，但大體來說，我仍是一個幸運兒。

出版了兩本新聞報導文學，又出版了我的五本小說及這一本回憶錄和王默人傳記，我該知足了。

而一生，但我並未拜過乾父母，也未找到乾子女，但我對現狀已及其滿意，再也沒有這種不切實際的想法。

我也是一個近朱者赤，近墨者黑的芸芸眾生，所幸我在人生旅途上，遇到了王默人，變成一個心地善良的好人，也想爲自己的國家作點有意義的事，我要把這本我的回憶錄，獻給曾在我寫作道路上幫助過我的老師、朋友和台灣清大，中國北大對我支持的友人和同僚們。

雖然王默人已離世兩年多，但我無時不刻地在想念他，他永遠是我的良師益友，我希望有一天也能在天上與他團圓，永不分離，永不分離。

（周安儀完稿於二〇二三年一月十八日於美舊金山）

附錄

清明時節追憶爸媽

爸媽你們生在風雨漂泊的年代
爸媽你們有著坎坷不平的生活
爲了我和弟弟們你們辛苦了
爲了我和弟弟們你們不畏難
你們生養育我們成人
讓我們受良好的教育
終能出人頭地
成爲世間棟樑
願你們在天上展翅高飛
願你們在天上化作天使
不再人家喫苦受難
不再凡界受盡折磨
午夜夢迴常想你們

牽牽絆絆想著你們
願爸媽仍然愛著我們
願爸媽依然眷顧我們
你們開枝散葉
子孫綿延不絕
我們思念你們
我們思念你們
思念之情不止
思念之情不滅
你們永遠活在我們心中
你們永遠存在我們記憶
忘不了你們的養育之恩
忘不了你們的孜孜教誨
終有一天我們會在天上團圓
終有一天我們會在天上團圓

（你們的女兒周安儀寫於二〇二二年四月二日爸媽一〇〇歲冥壽）

一見鍾情

你扭著纖纖般的腰肢向我走來
我的心藏砰砰地像地球般跳躍
突然我感覺懷裡好像暖呼呼地
一雙清純而晶亮的深眸抬頭看向我
我情不自禁地吻了上去
她豐腴濕潤的嘴唇黏上了我的
我感覺心跳得像戰鼓響徹
我感覺心跳得要衝鋒陷陣
我深深地緊緊擁她入懷
似乎下一刻我就要休克
慾望像海水般襲來
慾望像海水般捲起
我迷失了

我迷茫了
熊熊的火焰點燃了
熊熊的火焰燒著了
我們倆像乾柴烈火般
我們倆像飛蛾撲火般
熔合在了一起
熔合在了一起
她嘴裡呢喃著我愛你
我強烈地應合我愛你
如膠似漆地黏在了一起
如膠似漆地纏在了一起
如電光火石般
如天上響雷般
我倆在一起
我倆在一起
前世是情人
今世再相逢

我倆有緣
我倆有緣
永遠相隨
永遠相伴

（周安儀寫于七月六日二〇二三年於美舊金山）

追憶先夫王默人

眼看著你小小的身影消失在我眼前
眼望著你小小的身影逐漸離我遠去
我才想起你對我的好
我才想起你對我的情
一切都太晚了
一切已太遲了
往事已如煙消失
今生已無緣相見
如有來世願再結緣
曾經我倆是天造地設的一對
曾經我倆是心靈與肉的結合
但隨著時間的轉移
但隨著日月的轉輪

當年的卿卿我我
當年的濃情蜜玉
已隨著濃煙煙消雲散
已隨著時間推移盡散
我想你
我想你
朝朝暮暮想你
不分晝夜想你
希望在夢中相見
希望能再次重逢
你永遠活在我心中
你永遠印在我心裡
不要忘了當年的海誓山盟
哪怕天老地荒我仍愛著你
請你在天上等著我
我願與你團聚一起
我願緊緊擁抱一起

有朝一日
日夜星移
永不分離
永不分離

（你的愛妻周安儀寫於二〇二二年三月廿六日）

星空

你像星星一般照亮了我的天空
你像星星一般閃爍了我的天際
一閃一逝，一逝一閃
若即若離，若離若即
我勾不到，也捕捉不住
我想把它放在我的手心裡
我想把它緊護在我的懷裡
仍遙遠不可及，仍遙遠不可及
你一閃一亮，你一亮一閃
像極了你那深邃的雙眸
像極了你那深邃的雙眸
凝視著我，凝視著我
久久不散，久久不散

亮晶晶，亮晶晶
稍縱即逝，稍縱即逝
一晃已失去了蹤影
一晃已失去了蹤影
再見了，再見了
我朝三暮四的星星
我朝三暮四的星星
你仍鮮活在我的記憶中
久久不息，永遠不滅
久久不息，永遠不滅

（你的愛妻周安儀寫於二〇二三年六月廿五日晨于舊金山）

思念

你像夜空中的流星一般劃過天際
你像夜空中的月亮一般凝視著我
我沉醉了
我迷失了
望著你逐漸消失的背影
望著你逐漸走遠的身形
我再也提不起
我再也勾不到
我痛苦失神
我是那樣地無助
我是那樣地無助
我想把你抓在我的掌心
我想把你擁抱我的懷中

但我不能
但我不能
你一閃而過
你一閃而過
對我眨著眼睛
對我眨著眼睛
似乎凝望著我
似乎迎頭看我

你我貪戀著你那深邃的眼光
我貪戀著你那回眸的的眼神
爲什麼你要離我遠去
爲什麼你要離我遠去
我到底做錯了什麼
我到底做錯了什麼
愛人啊，請你原諒我
愛人啊，請你寬恕我

我情不自禁地喃喃地自語
我情不自禁地想將你入懷
但我不能
但我不能
只看見你的背影
只看見你的背影
逐漸掙脫我的懷抱
逐漸消失在我的眼中
愛人啊，
愛人啊，
我懇求你回來
我懇求你回來
只要你回來
只要你回來
我一切都依你
我會言聽計從
想永遠與你在一起

想永遠與你在一起
哪怕天荒地老
哪怕星辰移轉
哪怕萬物俱滅
哪怕世界毀滅

（周安儀寫於二〇二三年中秋節月圓前夕）

國家圖書館出版品預行編目 (CIP) 資料

追憶似水流年：周安儀回憶錄 / 周安儀作 . -- 初版 . --
新竹市：國立清華大學出版社, 2024.05
240 面；17×23 公分

ISBN 978-626-98531-0-6（平裝）

1.CST: 周安儀 2.CST: 回憶錄

783.3886　　113005792

追憶似水流年——周安儀回憶錄

作　　者　周安儀
發 行 人　高爲元
出 版 者　國立清華大學出版社
社　　長　巫勇賢
行政編輯　劉立葳
地　　址　300044新竹市東區光復路二段101號
電　　話　(03)571-4337
傳　　眞　(03)574-4691
網　　址　http://thup.site.nthu.edu.tw
電子信箱　thup@my.nthu.edu.tw
企劃編製　南十字星文化工作室有限公司
執行編輯　楊傑銘、張怡寧
封面設計　蔡南昇
美術設計　Nico Chang
展 售 處　紅螞蟻圖書有限公司 (02)2795-3656
　　　　　http://www.e-redant.com
　　　　　五南文化廣場 (04)2437-8010
　　　　　http://www.wunanbooks.com.tw
　　　　　國家書店 (02)2518-0207
　　　　　http://www.govbooks.com.tw
出版日期　2024年5月初版
定　　價　平裝本新臺幣500元

ISBN　978-626-98531-0-6　　GPN　1011300521